Alexandre Vatimbella

Sans information citoyenne pas de vraie démocratie

Editions

«Votre journal annonce mon décès. Comme vous êtes toujours bien informés, cela doit être vrai. Veuillez donc supprimer mon abonnement, devenu inutile.»
(Rudyard Kipling)

«Le droit de dire et d'imprimer ce que nous pensons est le droit de tout homme libre, dont on ne saurait le priver sans exercer la tyrannie la plus odieuse.»
(Voltaire)

«La liberté d'opinion est une farce si l'information sur les faits n'est pas garantie et si ce ne sont pas les faits eux-mêmes qui font l'objet du débat.»
(Hannah Arendt)

«L'indépendance de la presse est l'élément capital et pour ainsi dire constitutif de la liberté. (…) Un peuple qui veut rester libre a le droit d'exiger qu'à tout prix on la respecte. (…) Pour recueillir les biens inestimables qu'assure la liberté de la presse, il faut savoir se soumettre aux maux inévitables qu'elle fait naître.»
(Alexis de Tocqueville)

Préambule

Il ne s'agit pas ici de faire une théorie de l'information mais de réfléchir sur ce qu'elle est et comment elle doit être recueillie et transmise pour le bien de chacun et de tous.

Cet ouvrage n'est donc pas structuré autour d'un plan construit mais est une suite de réflexions sur l'information, en particulier l'information citoyenne.

D'où de possibles redondances dont l'auteur prie ses éventuels lecteurs de l'excuser par avance.

Avant propos

Cinq anecdotes parmi tellement d'autres. La première, jeune journaliste, je réalise une enquête sur un secteur économique dont les entreprises agissaient de concert dans une sorte d'entente pour maintenir des prix élevés afin de faire le plus de profit possible sur le dos des consommateurs. Mon rédacteur en chef de l'époque me demande, pour faire la Une du magazine, de combien on peut chiffrer le surplus payé par les clients, 10%, 20%, 30%, afin d'accrocher le plus possible le chaland. Je lui réponds que c'est impossible à déterminer parce que nous n'avions pas tous les paramètres pour publier un pourcentage quelconque. La réunion se termine ainsi mais une semaine plus tard, le magazine sort avec, en gros titre, «30% trop cher»!...

Deuxième anecdote, lors d'un dîner de presse, un rédacteur en chef m'a fait toute une théorie, qu'il appliquait pour son magazine, selon laquelle les gens ne voulaient pas qu'on leur relate une réalité et encore moins qu'on leur dise la vérité mais qu'on leur raconte une histoire et que, donc, il n'y avait aucun problème à transformer les faits pour que cette histoire soit vendeuse ce qu'il faisait systématiquement. Quand je m'enquis auprès de lui de l'importance d'informer correctement le public, il rigola…

Troisième anecdote, un ami défenseur d'une cause avait réuni quelques personnes partageant son point de vue devant un bâtiment où se tenait une conférence internationale. Malheureusement pour lui, ils n'étaient qu'une poignée. Alors qu'ils essayaient de se faire remarquer, un cameraman de la télévision qui s'ennuyait en attendant la sortie des délégations vint leur proposer de les filmer afin de passer au journal de 20 heures. Mon ami lui répondit qu'ils n'étaient pas très nombreux et que cela ferait un peu ridicule. Mais le «professionnel» lui répondit qu'il y avait une technique pour tromper le téléspectateur: manifester en rond. Il s'exécuta avec ses compagnons et ils passèrent le soir au journal télévisé…

Quatrième anecdote, je me rends à une conférence de presse d'un homme politique de premier plan mais je ne suis pas en train d'écrire un article sur lui, ni sur le sujet de son intervention. Néanmoins, je l'écoute avec attention et prend des notes. Le lendemain, je lis un compte-rendu de ses propos dans un grand quotidien et, stupeur, je découvre des extraits de ceux-ci que je ne l'ai jamais entendu prononcer! En revanche, les citations vont dans le droit fil du positionnement politique du journal en question...

Cinquième anecdote, je suis interpelé par une histoire de trafic horrible concernant les petits enfants. Je fais une enquête et je collecte des informations qui me permettent de penser que celui-ci est réel et je l'écris. Malheureusement, je me rends compte, au fur et à mesure que je continue mes investigations que je me suis peut-être trompé jusqu'à ce que je comprenne que j'ai été manipulé par certains groupes qui ont intérêt à répandre de telles assertions dans un but idéologique peu ragoûtant et que j'aurais du être plus professionnel dans mon travail...

Et, malheureusement, je pourrais continuer pendant des pages et des pages.

Ces quelques exemples dérangeants pour dire, d'une part, que les journalistes – dont je suis un représentant – ne sont pas toujours des victimes de la désinformation mais aussi des acteurs, surtout, que cela fait longtemps que je m'intéresse au problème de l'information citoyenne, de sa véracité et de son rôle éminent dans le fonctionnement d'une démocratie républicaine. Cela fait également longtemps que je travaille sur le sujet. Mais je n'avais pas imaginé qu'en ce début de XXI° siècle nous allions entrer aussi vite dans l'ère des «fake news» (infox en français), de la «post-vérité», du mensonge organisé, des «faits alternatifs», des fausses équivalences et du complot, même si tous ces termes, certains récents, font référence à des pratiques immémoriales qui se font appeler depuis toujours propagande et désinformation. Sans doute que la dorénavant prégnance d'internet dans l'information des citoyens avec, entre autres, le développement exponentiel des réseaux sociaux et des blogs, mais aussi un quotidien désormais réglé par l'information 24 heures sur 24 ont fait passer cette propagande et cette désinformation dans une démocratie d'un travail artisanal style PME à une production industrielle style multinationale...

Quoi qu'il en soit, cette situation nécessite une réelle réflexion sur l'information citoyenne car il en va de l'avenir de la démocratie dans les pays où elle est le régime en place mais aussi dans le monde entier. Les agissements d'un populiste démagogue, Donald Trump, qui, grâce aux mensonges proférés tout au long d'une campagne électorale, est devenu le président de la première puissance mondiale en 2016, l'utilisation de l'information grand public pour déstabiliser tous les opposants et les critiques de son régime autocratique par l'inquiétant Vladimir Poutine depuis son arrivée au pouvoir en Russie, la crédulité de la population des pays démocratiques malgré une élévation de son niveau intellectuel, démontrent l'urgence que les sociétés libres et ouvertes se mobilisent, s'emparent de la thématique, réfléchissent et agissent rapidement. Bien entendu, l'importance de cette réflexion va nettement au-delà de ces manifestations conjoncturelles parce que ces dernières sont les témoignages d'une situation critique qui doit être étudiée et dénoncée afin de trouver les solutions indispensables pour (re)venir à cette information citoyenne, pilier de la démocratie républicaine.

Ce travail s'inscrit donc dans cette tâche de permettre aux citoyens de s'informer du mieux possible, c'est-à-dire en ayant accès aux informations, en pouvant savoir ce qui s'est passé pour qu'ils se forment en toute indépendance une opinion qui leur permettent d'exercer leur rôle en toute capacité et en toute responsabilité dans une démocratie républicaine.

Cependant, que le lecteur ne se méprenne pas: il ne s'agit en aucun cas d'un ouvrage contre les médias, la presse, le journalisme et les journalistes et encore moins contre la liberté d'expression et la liberté de la presse qui en découle, toutes deux fondamentales pour l'existence de la liberté. Au-delà de leur rôle indispensable pour qu'une démocratie républicaine existe, s'il y a des mauvais (voire des très mauvais) médias et journalistes, il y en a aussi des bons (voire des très bons). Et même s'il y a des médias et des journalistes qui jouent contre cette même démocratie républicaine, c'est-à-dire le seul régime qui permet leur existence et leur liberté, il y en a d'autres qui sont pleinement conscients de leur rôle et de leur mission pour la faire vivre et émanciper le citoyen avec un grand professionnalisme et une évidente déontologie. Comme dans tout secteur économique et professionnel, il y a des crapules et des escrocs mais aussi des entreprises et des individus de très grande qualité.

Mais que le lecteur comprenne bien, néanmoins, que le but de cet ouvrage est avant tout un plaidoyer pour l'existence réelle d'une information qui libère et émancipe le citoyen, donc il est critique de la situation que ce dernier vit actuellement dans un monde où dans la plupart des pays il n'a pas de liberté d'expression et où n'existe pas celle de la presse pour qu'il s'informe en toute indépendance, et où dans des démocratie républicaines celles-ci sont parfois et très souvent loin de répondre à l'indispensable information citoyenne.

Les textes qui suivent, certains publiés, d'autres inédits, sont autant de réflexions sur l'information et la nécessité de l'information citoyenne.

Être informé
pour déchiffrer et comprendre le monde

Vivre dans un monde que l'on peut déchiffrer c'est vivre dans un monde que l'on peut comprendre donc un monde que l'on peut maîtriser plus facilement et que l'on peut mieux modeler et réformer selon ses vœux. Et pour déchiffrer ce monde, il faut évidemment savoir, donc disposer de l'information nécessaire, donc il faut être informé (et, afin de comprendre et d'utiliser au mieux cette information, il faut être formé, c'est-à-dire posséder les outils intellectuels de la compréhension). Car, sans un système informatif compétent, indépendant et responsable, recherchant le plus à transmettre le savoir et l'information de manière la plus complète et la plus objective possible, la démocratie républicaine n'est qu'un leurre puisque les citoyens ne peuvent exercer leurs droits et agir en responsabilité sans savoir, sans connaître et sans avoir les outils nécessaires, matériels et intellectuels, pour comprendre.

C'est la raison pour laquelle l'information délivrée par la presse (les médias) – qui, en démocratie représente réellement, si ce n'est institutionnellement, le quatrième pouvoir aux côtés de l'exécutif, du législatif et du judiciaire – n'est pas un produit comme un autre mais un «bien commun» démocratique. En tout cas, celle qui participe d'instruire le citoyen des affaires de son pays et du monde. Tout comme la formation par tout le système de transmission du savoir (système formatif, l'enseignement, terme préférable à celui d'éducation), elle participe à faire de l'être humain, un individu libre, une personne possédant des droits et des devoirs, un citoyen capable de choisir ce qui est de son intérêt dans la connaissance de ce qui est, donc par un choix éclairé et libre.

Qu'est-ce qu'effectivement un citoyen éclairé? C'est celui qui sait, celui qui est au courant, celui qui est informé, celui qui est donc capable de comprendre, donc de choisir en toute indépendance et en tout responsabilité, un citoyen libre et maître de sa vie. Pour que ce citoyen existe, il faut qu'il soit formé et informé par la transmission du savoir et la transmission de l'information. Il doit donc avoir accès au savoir et à l'information et ceux-ci doivent être les plus indépendants de tout esprit partisan, de toute idéologie, de tout intérêt particulier.

Savoir et information sont les deux mamelles d'une réelle citoyenneté c'est-à-dire effective et non pas uniquement formelle ou de l'ordre du symbole. Dans le cadre de l'information qui nous intéresse ici, il y a le libre accès à toute information disponible mais également un accès à une information la plus vraie, la plus juste, la plus objective possible. Pour cela, il faut une organisation et une régulation des transmetteurs d'information, en particulier du monde des médias qui est notre champ essentiel de réflexion car le droit à l'information et la liberté de la presse sont deux ingrédients indispensables au fonctionnement d'une démocratie républicaine. Et cela ne pourra qu'être de plus en plus prégnant à l'avenir dans un monde connecté où la communication, au sens large, est aussi complexe que diversifiée avec des flots de messages et d'informations infinis.

Il faut que l'information – entendue ici comme les données qui permettent de connaître ce qui se passe dans son environnement, celle qui est transmise essentiellement par la presse ou des médias à vocation journalistique – soit de l'information, pas de la propagande, pas de la publicité, pas de la promotion mais la matière qui permet de savoir ce qui se passe dans le monde et donc de permettre à chacun d'en être un acteur conscient.

Cette tâche est évidemment d'une difficulté et d'une complexité sans pareilles pour deux raisons. La première est que l'information depuis qu'elle existe, c'est-à-dire depuis que les humains communiquent entre eux, a été parasitée par tous ceux qui la voulaient à leur botte (ou qui les avantageait) et toutes les techniques qui consistaient à la détourner pour lui faire dire ce que l'on veut sans même parler de la fausse information, c'est-à-dire tout simplement du mensonge. La deuxième est que, loin de trouver une résolution avec les techniques modernes et les nouveaux supports d'information, l'entreprise de garantir une bonne information aux citoyens est devenue encore plus difficile, impossible prétendront certains.

Néanmoins, on ne peut se contenter de dire qu'il va falloir faire désormais avec cette situation où réalité et mensonge sont tellement entremêlés que leur mélange est une donnée définitive et incontournable de l'information. Sans affirmer que l'information «propre» peut exister, c'est-à-dire celle qui dit uniquement les faits et sur laquelle se greffent ensuite tous les commentaires possibles et imaginables, il faut cependant imaginer une organisation de l'information qui permette de tendre systématiquement et toujours vers la possibilité pour le citoyen de trouver une information de base la moins parasitée possible pour que ce soit lui qui, in fine, en fasse l'interprétation qu'il veut.

L'humain est un communicant

La communication, selon la définition du terme, est le processus par lequel chacun de nous émet des messages et les transmet à l'attention d'autres. Deux évidences, d'ores et déjà. La première est que l'humain est un communicant, c'est-à-dire qu'il communique sans cesse avec son environnement et ses congénères. D'où, par conséquent, l'espèce humaine est, comme toutes les autres espèces, en communication constante. La deuxième est que l'humain a besoin de s'informer, d'être informé et d'informer pour pouvoir se mouvoir dans son environnement et avec ses congénères. D'où le fait que l'humain dans ses messages de communication utilise ce que l'on appelle de l'information.

Avec son évolution, l'Humanité a complexifié sa communication. Ainsi, l'être humain se définit par un certains nombres de facteurs dont l'existence d'un langage complexe qu'il peut partager et d'une transmission culturelle par la parole et par l'écriture. D'où, évidemment, l'importance de la communication dans le monde actuel. D'où l'importance de savoir qu'est-ce que l'on communique et comment on le communique. Car, que ce soit dans la sphère privée ou dans la sphère publique, nous communiquons selon de nombreux critères qui ne sont pas toujours, loin de là, la transmission d'informations exactes. Nous communiquons ce que nous voulons et ce que nous pouvons, ce que nous savons ou ce que nous croyons savoir.

D'autant que le message communiqué peut être, à la fois, objectif et subjectif (dire la chose tout en l'interprétant et émettant une opinion à son sujet), ce qui peut être une difficulté de faire la part entre le fait relaté objectivement et le commentaire, l'opinion, délivrés de manière subjective.

Le langage nous libère mais son utilisation peut nous enchaîner et nous tromper. La communication nous est donc indispensable pour notre condition d'humain mais elle possède cette double face où le langage peut être utilisé pour dire ce qui est ainsi que, à l'opposé, pour tromper et déformer la réalité. Néanmoins, la déformation, à la différence de la tromperie, peut ne pas être volontaire.

Ceci pose déjà un problème majeur. Le message qui permet de communiquer est reçu avec une marge d'erreur possible qui vient de celui qui l'émet et de celui qui le reçoit. Il peut s'agir du codage déficient de la langue parlée ou écrite, du langage gestuel ou d'autres signes et symboles venus de l'émetteur ou du mauvais décodage du message par le récepteur, sans oublier d'autre part les problèmes liés au véhicule ou canal de communication empruntés comme, par exemple, si l'on s'adresse à quelqu'un via l'entremise d'un tiers qui peut évidemment dénaturer le message de manière fortuite ou intentionnelle.

L'information est le contenu de la communication

L'information, elle, se définit comme le sujet et le contenu de ce que l'on veut communiquer, que l'on veut faire savoir à l'autre, sur lesquels ont veut le renseigner. Dans le sujet qui nous intéresse ici c'est aussi l'ensemble des activités qui ont pour objet la collecte, le traitement et la diffusion des nouvelles auprès du public.

Mais l'information en tant que sujet et contenu peut se muer en désinformation notamment par la propagande (action psychologique qui met en œuvre tous les moyens d'information pour propager une doctrine, créer un mouvement d'opinion et susciter une décision) mais aussi par une mauvaise interprétation de la réalité qui peut-être voulue ou être une erreur de bonne foi, par la création d'une «nouvelle» réalité à partir de la réalité «réelle», etc.

Dans le cadre de l'information publique, c'est-à-dire délivrée à tout le monde par le biais des canaux de diffusion existants (comme la presse écrite, les médias audiovisuels, les réseaux numériques), elle est délivrée par les journalistes mais aussi par de simples particuliers aux desseins multiples (donner une information la plus juste, tromper les autres par plaisir ou pour un motif quelconque, dénoncer des complots existants ou fantasmés, régler ses comptes, etc.) ainsi que par des propagandistes de tous poils.

La diffusion de cette information publique se fait par des canaux multiples qui sont les mêmes utilisés par les propagandistes, ce qui pose évidemment le problème de faire la part des choses puisque, le plus souvent, la propagande ne dit pas son nom et avance masquée.

L'information est nécessaire à l'humain

Depuis que l'être humain communique, la propagande (dans laquelle on inclut la publicité, le marketing, la promotion) et l'information coexistent. La communication est donc double, d'un côté les faits avec l'information (ainsi que leur explication et leur commentaire «objectifs») et de l'autre une vision subjective des faits (comme par exemple lorsque l'on se «vend» auprès d'un employeur ou lors d'une rencontre amoureuse…). La propagande n'a pas pour but premier d'informer mais de convaincre et/ou de tromper par la persuasion et/ou l'endoctrinement et/ou le prosélytisme.

Qu'est-ce que c'est que «informer» dans le cadre de notre sujet, c'est-à-dire donner des nouvelles aux citoyens? Cela recouvre certainement de multiples façons de transmettre des informations à ceux qui sont en demande d'en recevoir. De même, les types d'informations sont également fort nombreux. Cependant, informer c'est également donner la possibilité à ceux qui en font la demande d'être renseignés sur le monde qui les entoure. La mission d'informer comporte également une composante civique essentielle qui est de permettre aux citoyens de savoir dans quel monde ils vivent. Et, l'information telle qu'elle existe actuellement ne remplit que très peu ce rôle civique qui est pourtant incontournable.

Qui et que croire?

Pourquoi l'être humain dit la «vérité» (c'est-à-dire ce que, réellement, il croit, il pense, il a vu, il a entendu, ce qui est selon lui dans une démarche d'honnêteté) et pourquoi ment-il? Quelles sont les raisons et les ressorts qui font qu'il dise la vérité ou qu'il mente? Est-il enclin naturellement à dire la «vérité» ou à mentir? Agit-il simplement dans son intérêt ou dans une volonté d'être «vrai»? Le mensonge fait partie de la vie et, notamment, de la vie sociale. N'oublions pas aussi l'ignorance. Souvent l'être humain parle sans savoir, affirme sans connaître. Parfois, il est sincère dans son ignorance, parfois il connaît son ignorance mais veut démontrer qu'il sait ou veut donner une opinion, émettre un jugement sur une question même s'il ne la connaît pas.

Dans nos sociétés la communication est partout: information, publicité, propagande, etc. Les flux de cette communication fonctionnent en continue, nous abreuvant d'informations. Elles viennent de médiateurs aux statuts différents mais elles sont entremêlées et souvent indémêlables. Dans cet environnement médiatisé où tout le monde communique, où de nombreux vecteurs transportent de l'information, où est la réalité? Allons plus loin, dans ce magma où tous les coups sont permis, peut-on connaître la réalité? Et, question subsidiaire, qui a intérêt à nous faire connaître la réalité? Dernière interrogation: est-ce important de connaître la réalité?

La communication tue l'information entend-on souvent. Faudrait-il encore qu'il y ait de l'information. Prenons un exemple simple et réel d'un terrible tremblement de terre qui secoua la Turquie. Il fit de nombreux morts et dégâts. Mais, comme toujours en pareille catastrophe, des «miracles» comme les aiment les médias se produisirent. Ainsi, on retrouva deux personnes ensevelies depuis plusieurs jours sous les décombres d'un immeuble. Cette découverte fut expliquée de la manière suivante par les chaînes de télévision françaises.

Première chaîne: les personnes ont pu survivre en buvant de l'eau ruisselante qui provenait des lances de pompiers qui avaient éteint un incendie. Deuxième chaîne: les personnes ont pu survivre en buvant de l'eau ruisselante provenant de pluies qui sont tombées après le tremblement de terre. Troisième chaîne: les personnes ont pu survivre car elles se trouvaient près d'un réfrigérateur qui contenait des bouteilles d'eau minérale. Quatrième chaîne: les personnes ont pu survivre car elles se trouvaient près d'une canalisation d'eau qui s'était rompue pendant le tremblement de terre et qui laissait l'eau s'échapper. Cinquième chaîne: les personnes ont pu survivre car se trouvait à proximité une infiltration d'eau due à une nappe souterraine.

Pour ce simple fait qui ne bouleversera pas l'ordre du monde, cinq versions et peut-être plus! Toutes crédibles (pour les nombreux incrédules je signale que ce que je viens de décrire s'est réellement produit, il suffit de retrouver les enregistrements des reportages en question).

Que s'est-il vraiment passé? Nous ne le saurons sans doute jamais – peut-être même que les rescapés et les secouristes ne le savent pas eux-mêmes. Certains diront, avec raison, que l'information importante était le sauvetage de ces deux miraculés. Néanmoins, la raison de leur survie est indissociable de leur condition de miraculés, ce qui dans des événements plus graves comme la raison d'une guerre ou d'une décision politique devient une information capitale.

Nous pouvons donc dire que cela est fort regrettable et à plus d'un titre. Cela nous prouve que nous avons du mal à connaître une réalité que nous n'avons pas vécu en n'en ayant pas été les témoins oculaires ou les participants. Car, pour savoir ce qui s'est passé, nous nous en remettons à des professionnels que nous payons pour nous le raconter. Or voici que ceux-ci – dans le cas présent au moins quatre si ce n'est les cinq! – nous ont raconté une contre-vérité, voire un mensonge. Tout ce que nous savons de cet événement est que des personnes sont sorties indemnes du tremblement de terre après plusieurs jours sous les décombres d'un immeuble. Or, dans d'autres cas similaires de fausses informations, nous ne sommes même pas capables de savoir si un événement a eu lieu ou non.

Alors, on peut dire, d'abord, que le plus important, devant cette situation est la lecture morale que nous en faisons. Prenons ainsi comme postulat que quel que soit la réalité des faits, l'important est que nous nous positionnions vis-à-vis de ceux-ci par rapport à nos valeurs en nous créant une opinion issue de celles-ci et se basant sur notre définition du bien. Ce postulat permet d'émettre une opinion «indépendamment» de la réalité des événements, c'est-à-dire de ce qui s'est vraiment passé. Celui-ci est d'autant plus utile que les médiateurs chargés de nous rapporter et nous narrer les événements deviennent de moins en moins crédibles.

Dans notre ère de communication globale, il n'y a plus de distinction véritable et vérifiable entre les diverses branches du secteur de la communication autrefois bien plus distinguables les unes des autres, même si les mélanges indignes ont de tout temps existé: la communication (individuelle, publique, de structures diverses) l'information (des médias), la promotion (dont la publicité) et la propagande.

Avec la multiplication quasi-exponentielle des sources et la sophistication de la communication – dont use, en particulier, la propagande –, il est désormais impossible de s'en remettre à une source identifiable et reconnue pour être assuré de son «objectivité», c'est-à-dire de son honnêteté dans le traitement de l'information à faire passer et que cette honnêteté, à défaut d'être le reflet de la réalité, s'appuie sur un travail sérieux qui permette de dégager une vision de la réalité la moins déformée possible.

Devant cette situation qui est la conséquence de la démocratie (liberté d'expression), des progrès de l'instruction et des formidables bonds de la technologie, nous devons adopter cette règle: ce n'est pas la réalité qui est déterminante mais notre réaction morale vis-à-vis d'une information délivrée par la machinerie communicante. Si ce postulat ne nous permet pas de voir le «vrai» monde tel qu'il est, au moins nous permet-il de nous mouvoir dans celui-ci avec nos valeurs, ce qui est primordial.

Un premier écueil survient cependant dans cette option. Pour notre système de valeurs, il est vrai que la véracité d'un fait ou non est peu important, ce qui nous permet d'évacuer la difficulté d'estimer la véracité de l'information reçue. N'empêche, ceux qui sont parties prenantes – ou, au minimum, une des parties prenantes – à un fait conflictuel, par exemple, ont eux un intérêt évident à ce que la réalité en soit démontrée. L'innocent a tout intérêt à faire reconnaître son innocence. La victime, son agression.

Mais, à l'inverse du coupable et de l'agresseur, qui ont le même intérêt de se poser en innocent ou en victime, l'innocent et la victime ont la légitimité pour cette demande et, évidemment, le droit à se faire reconnaître innocent ou victime. D'un point de vue éthique, nous ne pouvons nous contenter du «cas d'école» qui nous permet d'émettre une opinion. Néanmoins, cela implique que nous entreprenions une enquête, qui devra parfois être approfondie, pour tenter de mettre à jour un modèle aussi proche que possible de la réalité vécue par les protagonistes de ce fait.

Théoriquement, cette enquête devrait être alimentée par la presse. Or, celle-ci pour de nombreuses raisons où sa responsabilité n'est pas forcément engagée, ne peut y répondre dans de très nombreux cas.

Un deuxième écueil provient du message qui soutient la machinerie communicante et son orientation. Ainsi, la délivrance d'une information permet de rendre positif ou négatif son objet. Ce qui n'est pas rien en matière de propagande politique ou de publicité pour un produit ou une marque. Le décodage de cette information peut devenir indispensable en termes de choix ou de positionnement factuel et même de vision du monde. Ainsi, réagir à un événement dramatique permet à nos valeurs de s'affirmer. Mais si nous croyons à tort à la responsabilité d'une personne, d'un groupe ou d'une communauté, cela peut aussi modifier notre vision du monde et notre engagement politique. Ici, on peut faire intervenir les multiples sources qui deviennent alors une aide pour les personnes. Ainsi, on peut supposer que dans une démocratie (seul système politique qui multiplie les sources), il y aura des contradicteurs à une affirmation. Toutes ces contradictions permettront de cerner les enjeux de cette information.

Mais il existe un troisième écueil, souvent bien plus ardu à résoudre et qui concerne la grille de valeurs que nous utilisons. Celle-ci, définie par notre vision du bien, peut entrer en conflit avec une autre grille de valeurs définie par une vision différente du bien. La dualité résistance/oppression est en général un bon exemple de cette dualité des grilles de valeurs.

Le libérateur peut être l'oppresseur pour l'autre, de même que le résistant peut être le terroriste pour l'autre. Un autre exemple vient de la différence de «cultures». Néanmoins, dans cette opposition entre deux «biens» relatifs, il est souvent possible de déterminer un bien de «base» qui permettra de déterminer la bonne vision morale de l'événement.

Allons plus loin dans notre recherche de la réalité. Nous sommes donc assez démunis pour connaître la réalité présente. Pouvons-nous appréhender la réalité passée grâce à l'Histoire et ainsi nous faire une idée de la réalité présentée non-événementielle?

La première remarque est que l'Histoire – comme toutes les disciplines qui se réclament de la science – est produite par la main de l'homme et est limitée par ses capacités. Dès lors, il n'y a pas une Histoire mais des regards historiques différents sur un passé. L'Histoire n'est pas objective et ne peut l'être. Elle tend à raconter des événements passés sous le prisme d'un regard, celui de l'historien. Même si celui-ci désire retracer ce qui s'est réellement passé «sans préjugés», il ne le peut de par sa subjectivité et du point de vue où il s'est placé. Mais, de plus, il ne dispose que de documents humains qui sont aussi imparfaits et partiaux que notre vision de l'actualité.

Les grandes énigmes historiques que le grand public adore démontrent cette difficulté à connaître la réalité du passé. L'Histoire est donc un enseignement moral au sens large. Et comme elle est le plus souvent écrite par les vainqueurs et qu'elle tend à démontrer sinon un «sens» du moins une thèse sur la formation du présent, elle est parasitée par le politique.

Evidemment, le monde est plus complexe. Comment, en effet, apprécier un fait qui n'est que la résultante d'un autre et celui-ci de toute une chaîne de faits dont certains n'ont plus de responsables ou des responsabilités unique. Si une personne devient un résistant (terroriste) à une oppression (libération), à cette oppression (libération) répond peut-être à un fait qui pour le résistant / terroriste était la situation normale, voire même une libération alors que pour l'oppresseur / libérateur, elle était justement une raison d'intervenir pour faire cesser une oppression. De même, cette situation antérieure peut être perçue différemment selon ces visions.

Une première conclusion (provisoire?) est que nous devons apprécier les événements de l'actualité et de l'histoire de deux façons. D'une part, avec notre grille de valeurs, c'est-à-dire avec nos émotions qui sont à la base de notre capacité d'indignation envers l'injustice. D'autre part, avec un scepticisme toujours en éveil, c'est-à-dire avec notre raison et notre volonté de savoir sans prêter le flanc à toutes les manipulations possibles. Parvenir à cette double-appréciation des événements n'est pas aussi simple que cela paraît. C'est un travail constant de relativisation et de remise en cause de l'information (au sens large) mais aussi de notre perception. Car, il nous est souvent agréable de penser que nous sommes dans la raison alors que nous sommes demeurés uniquement dans l'émotion…

Le rôle pédagogique de l'information

Le rôle pédagogique de l'information est primordial dans une démocratie. Plus personne ou presque ne parle aujourd'hui du rôle pédagogique que peut et doit jouer l'information. Mais ce rôle est pourtant inhérent à la fonction d'informer car, par essence, il s'agit d'apprendre quelque chose à des gens qui ne sont pas ou peu au courant. Dès lors, l'information n'a rien à voir avec le divertissement. Ce sont deux fonctions différentes qui ne peuvent se rejoindre même si le divertissement peut également, lui aussi, avoir un rôle pédagogique.

De même, la liberté de pensée et d'opinion d'où découle le liberté d'expression qui aboutit à la liberté de la presse n'a pas été mise en place pour diffuser des informations sur les matchs de football ou la dernière liaison extraconjugale d'une star de show business mais pour garantir, à la fois, le droit de dire ce que l'on pense et le droit de s'informer pour être responsable de son existence.

L'information citoyenne est apodictique ou pourquoi il faut une information citoyenne et qu'il faille lui donner un statut spécial

L'information ne devrait pas se vendre mais ceux qui la transmettent ainsi que les organisations qui y participent doivent le faire pour vivre, c'est là le paradoxe indépassable en démocratie que l'on peut atténuer avec l'existence aux côtés de structures commerciales d'un service public de l'information. Car l'information n'est pas un produit marchand mais une exigence pour les citoyens d'un pays démocratique. La solution c'est la création d'une structure non-commerciale de service public en plus des médias traditionnels.

Le théorème est que celui qui détient l'information, détient le pouvoir. Le principe, c'est donc, en démocratie républicaine, le peuple qui doit la détenir avant tout avec ses représentants. Pour pouvoir exercer sa citoyenneté, que ce soit au niveau de ses droits que de celui de ses devoirs, l'individu doit donc être informé et il doit pouvoir se procurer cette information gratuitement et sans interférence commerciale. Or, ce n'est pas le cas. Aujourd'hui, l'information est un produit marchand (celle, dite «gratuite», est payée par la publicité dont elle n'est pas libre, publicité, in fine, payée par le consommateur, donc le citoyen) et celle qui est délivrée par le service public est indirectement payante puisqu'il faut disposer d'un moyen (télévision, radio, ordinateur, téléphone portable...) pour la recevoir (le paiement par l'impôt, en revanche, ne peut pas être considéré comme un paiement de l'information puisqu'il s'agit d'une mission de service public qui ne peut être financé que de cette manière).

Plus, pour se vendre, elle doit attirer le chaland et donc se transformer pour plaire. C'est la raison pour laquelle l'information ne peut être contrôlée par des structures commerciales dont le seul but est de faire du profit.

L'information devrait être diffusée autour d'un grand service public et des associations à but non lucratif. C'est la seule façon que ce bien indispensable (et encore plus aujourd'hui et dans le futur) soit accessible à tous et de manière la plus indépendante possible et en diffusant, outre l'information brute (service public), toutes les opinions et tous les traitements possibles la concernant (associations à but non lucratif).

Le service public aurait comme but de transmettre l'information de façon la plus objective possible (même si l'objectivité n'existe pas). Les associations à but non lucratif auraient pour objectif de donner l'éclairage qui leur semble bon en commentant cette information, selon leurs opinions, leurs visions du monde, etc. mais sans pour cela devoir la transformer afin de faire des profits.

Bien entendu, il devrait y avoir un domaine spécifique pour cette information et ce qu'elle recouvre. Ce qui ne serait que communication récréative et information de loisirs seraient laissées, elles, au secteur marchand. En revanche toutes les informations qui concourent à permettre à chacun d'être un citoyen responsable et capable de faire des choix en toute connaissance de cause, devraient faire partie de l'information qui ne peut être traitée par le secteur marchand. On parle ici des domaines de la politique, de l'économie, du social, de la science, entre autres.

Bien entendu, certains y verront une attaque contre la liberté de la presse. Or, c'est tout le contraire puisqu'il s'agit de garantir celle-ci en la soustrayant aux possibles pressions économiques venues de la part de ceux qui financent la presse actuellement. De plus, il est important de savoir ce que veut une société démocratique: une information de base la plus «objective» possible avec des commentaires «libres», c'est-à-dire sans interférences financières ou une information sujette à toutes les manipulations et à toutes les censures. Ce débat doit évidemment avoir lieu avant qu'une organisation autour d'un service public et de structures non-commerciales soit mise en place.

L'information n'est pas un produit, en tout cas un produit comme un autre.

L'information n'est pas un produit, en tout cas un produit comme un autre. Si c'est un produit, c'est un produit non-marchand, un produit d'utilité publique, un produit constitutif de la démocratie. Malheureusement, dans l'organisation actuelle de la transmission de l'information, les transmetteurs et médiateurs sont des structures commerciales qui doivent vendre l'information pour exister et faire des profits. Dès lors, tous les moyens sont bons pour vendre cette information d'où toutes les dérives possibles pour n'en faire qu'un produit comme un autre que l'on peut enrober pour en faire un produit attractif et non pour transmettre la réalité au profit des individus afin que ceux-ci soient des citoyens capables de se déterminer en toute connaissance de cause.

C'est la raison pour laquelle l'information doit être soustraite au marché comme tout ce qui concerne la politique. Elle est essentielle pour le bon fonctionnement de la démocratie et doit être organisée en deux pôles, un service public de l'information et des structures non-commerciales qui la traitent en fonction de leur vision politique, philosophique, religieuse, etc.

Cette architecture doit absolument garantir l'indépendance de l'information que ce soit du pouvoir étatique et des intérêts commerciaux. Ce n'est que de cette façon que l'information sera capable de remplir sa mission, permettre au citoyen de défendre ses d'intérêts de personne libre et responsable.

L'information citoyenne
doit échapper à la sphère commerciale

La thèse défendue ici est qu'en matière d'information, non seulement la liberté est indispensable pour qu'il y ait démocratie et donc une démocratie républicaine mais qu'il est également tout aussi indispensable que cette information soit vraie, soit complète et permette à toute personne d'être un citoyen responsable, c'est-à-dire de faire des choix en toute connaissance de cause.

Réaliser cet objectif, implique la liberté de la presse mais également la scission de l'information délivrée par les médias en deux catégories: l'information citoyenne et l'autre information. Cette dernière peut être traitée, en respectant uniquement le système juridique en place, comme bon leur semble par les acteurs médiatiques. En revanche, cela n'est pas le cas de la première, l'information citoyenne. Celle-ci en effet participe directement de la démocratie en étant un des piliers incontournables à l'existence réelle d'un régime démocratique et républicain, étant ce fameux quatrième pouvoir (à la fois dans son organisation mais également dans son contenu) aux côtés du pouvoir exécutif, du pouvoir législatif et du pouvoir judiciaire.

Dès lors, l'information citoyenne doit avoir un statut spécial et une organisation particulière qui garantissent son indépendance et son fonctionnement afin d'être à même de remplir sa mission, informer les individus afin que ceux-ci soient des citoyens libres pouvant se déterminer en conscience et en responsabilité parce qu'ils savent, parce qu'ils sont informés.

Cette information citoyenne doit être traitée, à la fois, par un organisme public indépendant de tout pouvoir (et gérer par les citoyens) et par des structures non-commerciales et privées qui sont partisanes ou qui se veulent objectives. Car, l'information citoyenne n'est pas à vendre et ne peut être laissée entre les mains d'un seul courant de pensée, d'une seule idéologie politique.

Il faut donc la mise en place d'un secteur de la presse d'opinion au statut d'entreprise non-commerciale ou d'association. Ces structures indépendantes devront remplir un cahier des charges précis, pour diffuser de l'information citoyenne et aussi pour bénéficier d'aides publiques.

L'information citoyenne, bien commun de la démocratie

L'information n'est pas un produit, en tout cas un produit comme un autre comme je l'ai écrit maintes fois. Quel est donc son statut?

Je suis souvent très circonspect sur les notions d'«intérêt général» ou de «bien commun» souvent indéfinissables ou pouvant recouvrir tout et n'importe quoi selon la volonté de l'idéologie qui les véhicule ou de l'idéologue qui veut prouver quelque chose de particulier. Penser que la somme des intérêts de tous les individus peuvent se fondre dans un intérêt général ou que celui-ci peut représenter une quelconque quintessence des préoccupations d'une société particulière est souvent une supercherie au même titre que la notion de «peuple» qui engloberait des individus dont la seule ressemblance est, d'abord et peut-être uniquement, d'être assujettis au même ordre social issu d'une règle juridique commune.

Même chose pour des «biens communs» que nous serions tous, dans un impératif moral venu d'on ne sait où, obligés de défendre sans même les discuter ou les refuser comme ne faisant pas partie de son éthique personnelle. Créer une sorte d'unanimisme est toujours dangereux.

Pour autant, ad minima, les valeurs et les principes démocratiques peuvent entrer dans cette catégorie des «biens communs» à défendre sinon à partager.

Dès lors, la liberté, donc la liberté d'expression, donc la liberté de la presse, donc l'information citoyenne font partie de ce socle indiscutable de l'intérêt commun de l'Humanité, donc des biens communs de la démocratie républicaine, meilleur système pour rassembler et gouverner les individus.

C'est la raison pour laquelle l'information citoyenne, celle qui concerne les données et les faits qui permettent à tout membre d'une démocratie républicaine de savoir ce qui se passe et de pouvoir se déterminer en toute liberté, en toute responsabilité, en toute conscience doit être soustraite au marché avec une organisation qui doit absolument être pensée, bâtie et protégée afin de garantir sa totale et complète indépendance.

De la nécessité incontournable
de la liberté de la presse citoyenne

Comme le disait Alexis de Tocqueville, «Plus j'envisage l'indépendance de la presse dans ses principaux effets, plus je viens à me convaincre que chez les modernes l'indépendance de la presse est l'élément capital et pour ainsi dire constitutif de la liberté. Un peuple qui veut rester libre a donc le droit d'exiger qu'à tout prix on la respecte». Ce même Tocqueville expliquait qu'en matière de presse, «Il n'y a pas de milieu entre la servitude et la licence. Pour recueillir les biens inestimables qu'assure la liberté de la presse, il faut savoir se soumettre aux maux inévitables qu'elle fait naître. Vouloir obtenir les uns en échappant aux autres, c'est se livrer à l'une de ces illusions dont se bercent d'ordinaire les nations malades».

Ce n'est donc pas la liberté de la presse et ses excès qu'il faut combattre mais l'incapacité dans laquelle nous sommes souvent, faute d'éducation et de connaissance, de faire la part des choses et, donc, in fine, de contrecarrer la «fausse information» autant que possible. Nous devons apprendre à être constamment en éveil pour utiliser au mieux la liberté de la presse et d'opinion.

Une liberté de la presse et d'opinion qui est indispensable à la démocratie mais exige, en retour, une éducation adéquate des citoyens. Evidemment, les médias ne peuvent se dédouaner de leur responsabilité dans ce domaine. Mais, plus que les accabler et les stigmatiser – ce qu'ils peuvent mériter parfois – il vaut mieux travailler sur une alternative qui contenterait tout le monde et qui pourrait être de soustraire l'information citoyenne de la sphère marchande pour la scinder en un service public autonome de l'information et des médias d'opinion ayant le statut d'associations ou d'entreprises non-commerciales. Quant à l'information de divertissement, elle demeurerait l'apanage unique de la sphère commerciale.

**Pas de démocratie sans information libre
et sans citoyen responsable;
Pas de citoyen responsable
sans individu informé**

A priori, tout paraît simple mais tel n'est pas le cas. Un citoyen correctement informé est celui qui est capable d'obtenir de la bonne information, c'est-à-dire qui relate ce qui se passe vraiment et de manière la plus honnête possible, et qui est donc capable de trier la bonne de la mauvaise information publiée par une presse libre qui, au-delà de relater des faits, exprime des opinions.

Un citoyen informé est celui qui possède le savoir nécessaire pour cela. Un savoir qui doit lui être transmis par le système chargé de la transmission du savoir mais qui doit être constamment et quotidiennement actualisé. C'est là que se compliquent les choses car l'information libre n'a pas besoin d'être «vraie» ou «objective» pour être publiée. Elle a seulement besoin de ne pas être en contradiction avec la loi. Et c'est tant mieux car cela permet à toutes les opinions de pouvoir s'exprimer librement. En revanche, cela ne permet pas à beaucoup de faire le tri nécessaire afin qu'ils puissent se forger leur propre opinion à partir de données «objectives» (c'est-à-dire les moins empreintes de subjectivité, l'objectivité totale n'existant pas venant de l'humain). D'où la nécessité de faire exister un système d'information de service public, non-concurrent de l'information libre mais complémentaire, sorte de base de données consultable par qui le souhaite.

Comment organiser ce service public de manière le plus efficace possible et le moins controversé possible? Cela signifie d'abord que ce service public doit être géré et contrôlé par une autorité totalement indépendante de tout pouvoir politique, économique ou idéologique. Cette autorité de contrôle, elle-même sous le contrôle citoyen, ne s'occuperait évidemment que de ce service public à l'exclusion de toute autre canal d'information.

Si ce service public indépendant et non partisan a toujours été nécessaire (et que les créations de tels organes dans de nombreux pays n'ont jamais donné satisfaction jusqu'à présent au nom de la liberté des journalistes, permettant à ceux-ci de délivrer des opinions ainsi que de réclamer une dose d'irresponsabilité de leurs travail), il l'est

devenu encore plus depuis la création des médias audiovisuels et, désormais, par les médias
électroniques.

D'autant que l'information citoyenne fait partie de
la mission de la société envers ses membres De
même, la démocratie républicaine ne sera réellement effective que le jour où tout citoyen sera
correctement formé et informé.

Pour un service public médiatique

Ne devrait-on pas définir ce que devrait être un service public médiatique de l'information, de la culture et du divertissement ainsi que ses missions prioritaires? Et celui-ci ne devrait-il pas être intégré, sous une même autorité ministérielle dans un grand service public de la transmission du savoir (c'est-à-dire ce que sont actuellement les départements ministériels de l'Education et de la Culture) et de l'information citoyenne? Explications.

Un vrai citoyen, c'est-à-dire une personne qui peut réellement exercer ses droits de citoyen doit être bien formé et informé. Sans ce savoir et sans cette information, il n'y a aucune possibilité pour un individu de pouvoir choisir ce qui est bien pour lui et la communauté dans laquelle il vit. Et ce savoir et cette information doivent d'abord servir l'intérêt de l'individu pour son existence, son projet de vie, la réalisation de lui-même.

Libre au secteur privé de donner un savoir et une information partisane et/ou délivrée sans les standards de la qualité à la fois dans le fond et la forme. Mais le service public a une toute autre vocation sinon il n'a aucune légitimité à exister.

Vous pouvez tourner la question dans tous les sens, il n'y a pas d'autre alternative. Dès lors, un service public médiatique chargé de délivrer, de manière la plus objective, la plus complète et avec la meilleure qualité possible, de l'information, de la culture et du divertissement est une nécessité à côté de toutes les initiatives privées qui font que la liberté d'expression et donc la liberté tout court peut exister et garantir l'existence d'une démocratie républicaine.

Ainsi, ce service public médiatique doit absolument s'inscrire dans un dessein beaucoup plus large, doit avoir une tout autre ambition pour être vraiment efficace et utile, ce qui n'est pas le cas aujourd'hui avec le service public de l'audiovisuel, ceci étant la résultante tout autant d'une résistance de ceux qui y travaillent (pour des motifs variés mais jamais légitimes en regard de la mission qu'ils doivent remplir), de ceux qui gèrent (notamment l'Etat) mais aussi de l'histoire de cet audiovisuel public français qui – à l'opposé de la BBC au Royaume Uni – a été conçu dès l'origine d'abord comme un outil au service du pouvoir en place et une manière de verrouiller les nouveaux moyens de communication d'alors (télévision et radio) à son profit.

S'y est ajouté, depuis la libération des ondes dans les années 1980, la multiplication des chaînes et des stations privées puis l'arrivée du numérique, l'entrée dans la concurrence (notamment pour pouvoir le financer avec de la publicité et faire faire des économies pour le budget de l'Etat ce qui nécessite des taux d'audience importants souvent au détriment de tous les autres critères dont ceux de l'utilité et de la qualité) qui ne pouvait que pervertir un modèle déjà largement incapable de répondre aux missions qui justifient son existence.

On peut regretter que, lors de toutes les réformes de l'audiovisuel public précédentes, on n'ait pas posé les termes du débat de cette manière. On est toujours, dans ce domaine, plus dans des ajustements, des rationalités et des économies que dans une vaste réflexion sur ce que doit être un citoyen informé et cultivé dans la démocratie républicaine du XXI° siècle.

Sans oublier l'annonce récurrente à chaque réforme et jamais suivie d'effet d'un objectif fort pour des programmes de qualité et le renoncement à la course effrénée à l'audience dans une compétition avec les chaînes privées qui n'ont d'autres objectifs que de faire des profits et non de rechercher la qualité.

Non pas, évidemment, qu'il ne faille pas produire des émissions, des documentaires, des fictions et des divertissements qui plaisent à ceux à qui ils sont destinés mais cela ne passe pas par une information spectacle et une sorte de moins-disant culturel car ce n'est pas la mission d'un service public de l'audiovisuel.

Encore faut-il que la philosophie qui traverse tout le travail du secteur public soit vraiment sous-tendue par une mission citoyenne qui n'est malheureusement que trop souvent un alibi voire un paravent pour agir comme le privé ou pour développer une ligne politique partisane.

Mais il faudra bien avoir, et le plus tôt possible, cette réflexion globale sur un service public médiatique et une ambition d'une toute autre nature si l'on veut que cette démocratie républicaine fonctionne réellement et pour tous.

La démocratie nécessite
un vrai service public d'information

L'information – tout comme la transmission du savoir – est au cœur de la démocratie représentative. Sans information, le citoyen ne peut ni connaître ses droits, les faire valoir et les exercer, ni savoir dans quel monde il vit. Sans un citoyen informé par de citoyen libre et égal.

Il ne peut être, non plus, considéré comme une personne responsable, cette qualité nécessitant d'être correctement informé. Donc pas de démocratie autre que formelle. Il faut donc garantir la liberté d'expression mais aussi le droit à l'information du citoyen.

Cela passe par une garantie d'une presse libre mais aussi par un devoir de la société d'informer ses membres. C'est pourquoi, dans la plupart des démocraties comme la France, les Etats-Unis, la

Grande Bretagne, l'Allemagne, l'Italie, l'Espagne et bien d'autres, il existe, à côté d'un secteur privé de l'information, un secteur public, prolongement naturel du service public de l'éducation. Mais ce secteur public d'information a montré, au fil des ans, ses limites.

D'abord une limite politique puisqu'il est géré par l'Etat (et parfois même par le gouvernement en place) donc il est toujours plus ou moins soupçonné d'être relativement proche du pouvoir en place, tout au moins de partager la même vision, même si ces reproches sont exagérés.

Ensuite une limite déontologique puisque, se confrontant au secteur privé, il doit, pour survivre, adopter nombre des pratiques de ce dernier pour vendre son information (et ses divertissements) afin de faire de l'audience, ce qui n'est absolument pas sa finalité.

Résultat, le citoyen n'a pas à sa disposition une information de qualité, sans fioritures et sensationnalismes, parlant du fond de ce qui est essentiel pour accomplir son devoir de membre éclairé de la communauté.

Il faut donc un véritable service public d'information (ce qui suppose, par ailleurs, qu'il ne délivre que de l'information et ne s'occupe pas du divertissement).

Libre, indépendant, gratuit, déontologiquement inattaquable, voilà l'absolu nécessité de l'absolu nécessaire service public d'information pour informer le citoyen et lui permettre d'être suffisamment éclairé pour choisir ses représentants et pour contrôler leur action ainsi que pour être capable de comprendre le monde dans lequel il vit afin d'être acteur responsable de sa vie.

Or, aujourd'hui, ce n'est pas le cas. On peut même dire que cela n'a jamais été le cas malgré ce que prétendent les esprits chagrins qui regrettent l'époque flamboyante de la presse écrite, oubliant que depuis toujours la majorité des titres font du sensationnel et de la sélection d'information pour des motifs partisans et commerciaux, ce qui n'a rien à voir avec le devoir d'informer. Mais la publicité et l'impératif de racoler le lecteur, deux nécessités pour faire vivre économiquement parlant, un média, ne peuvent pas aboutir à autre chose.

Reste que la liberté de la presse est une condition sine qua non de la démocratie. Tout le monde doit pouvoir dire et écrire ce qu'il pense. Néanmoins, le citoyen a aussi le droit de pouvoir trouver un endroit où il pourra s'informer de la manière la meilleure possible et la plus «objective» possible, le tout, évidemment, «gratuitement».

Ce service public d'information subventionné et financé par divers moyens n'aura aucunement pour objectif de phagocyter à son profit l'information mais d'être, à côté de la presse et des médias libres, un organe qui délivre une information nécessaire au citoyen libre et responsable.

Il est important de dire que l'information a toujours été prise entre, d'une part, la propagande d'organisations publiques ou privées et, d'autre part, une vision spectaculaire et commerciale permettant aux entreprises de presse d'exister et de faire des profits. Ceux qui parlent d'un âge d'or de la presse où celle-ci aurait agi dans le seul but d'informer objectivement, ont la mémoire bien courte ou un manque criant de connaissances historiques dans ce domaine. Bien entendu, l'accélération technologique a permis à l'information de pouvoir être plus rapide et de se démultiplier.

Cependant, réduire la problématique à l'apparition des stations de radios et des chaînes de télévision d'information en continue ainsi que du média internet est une contrevérité. Tout au plus peut-on dire que les problèmes inhérents à son fonctionnement, à son domaine d'intervention et aux attentes de ses clients ont suivi la même courbe exponentielle que celle de la multiplication des médias et de l'information. Il n'en demeure pas moins que ces problèmes sont constitutifs même de l'information et de sa possible manipulation.

Le médiateur, l'informateur, chargé d'être le lien entre l'information et l'informé peut avoir de multiples raisons de dire certaines choses et d'en cacher d'autres. N'est-ce pas ce que nous faisons nous-mêmes dans notre communication avec les autres?!

Mais, dans le cas qui nous intéresse, il doit pouvoir y avoir une source d'information qui tente d'être la plus neutre et la plus objective possible. Car l'information ne peut pas être qu'un produit commercial comme un autre que l'on peut malaxer comme l'on veut afin de pouvoir la vendre à n'importe quel prix et de n'importe quelle manière. C'est ce qui justifie ce service public.

Celui-ci ne doit évidemment pas être ni «la voix de la France», ni même «info France» mais un organisme totalement indépendant chargé de délivrer une information citoyenne pour ceux qui la veulent, sans pressions commerciale et/ou partisane. Ce n'est évidemment pas un service qui se substitue aux médias actuels mais qui vient en complément de ceux-ci, qui s'ajoute à eux. Il ne sera la propriété ni de l'Etat, ni même des journalistes qui y travaillent mais de la collectivité nationale. Il sera régi par une règle déontologique stricte à laquelle veillera un organisme de tutelle élu au suffrage universel.

On comprend que cette solution n'est pas parfaite (il n'en existe malheureusement pas) mais elle est la moins mauvaise. Ainsi, la liberté de la presse sera conservée comme un bienfait inestimable de la démocratie. Mais il existera aussi cette source d'information indispensable à la citoyenneté réelle et effective. Reste à trouver la volonté politique.

N'oublions pas, à l'attention de tous les esprits chagrins, que personne ne sera obligé de lire, écouter ou regarder les informations de ce service public. Enfin et surtout, si nous continuons dans les dérives actuelles, nous risquons d'aboutir à ce que l'information ne soit plus qu'un produit de même nature que le divertissement. Et nous n'aurons plus que des consommateurs et plus de citoyens. Voilà bien le rêve de tous les apprentis dictateurs.

La démocratie doit proposer
un vrai «service public de l'information»
indépendant du pouvoir

Savoir et être capable d'utiliser le savoir acquis pour être un citoyen responsable et une personne capable de se prendre en charge et de bâtir sa vie en toute connaissance de cause, voilà une des bases essentielles de notre existence. Voilà une des missions que s'assigne la démocratie républicaine représentative, délibérative et participative.

Le savoir, qui est constitué d'informations que nous acquérons tout au long de notre vie, est, depuis toujours, un pouvoir. C'est pourquoi, dans les régimes dictatoriaux ou autoritaires, celui-ci est contrôlé, filtré, détourné, utilisé, voire inaccessible, pour permettre la construction d'une réalité tronquée qui sert les dirigeants et une idéologie. Dans les siècles passés, il était réservé à l'élite qui s'était appropriée le pouvoir.

Afin d'être capable de vivre libre et de prendre en main sa vie ainsi que de participer aux affaires de la cité, il faut donc savoir et être au courant de ce qui se passe autour de soi. Et ceci vient, entre autres, par les informations relatant les événements qui se déroulent dans le monde, chez nous et ailleurs, que nous recevons grâce à de multiples médiateurs. Nous devons être informés et nous devons l'être correctement.

Or, ces capacités et cette participation deviennent de plus en plus difficile à exercer dans un monde où nous sommes abreuvés d'informations (au sens basique du terme) venues de partout et de nulle part, de médias, de propagandistes, de communicateurs, de contacts sur les réseaux sociaux du net, etc. Comme on le dit désormais, trop d'information tue l'information. Et c'est loin d'être une formule creuse.

Ainsi, avoir plusieurs sources d'information pour comprendre et avoir une opinion sur un fait ou une idée est, évidemment, un plus que de n'avoir qu'une source qui pourrait nous manipuler. C'est même la base de la liberté de la presse qui assure, concrètement, la diffusion de la pensée et de la parole libres, sans quoi la démocratie n'existerait pas. Cependant, à un certain moment, la multiplication sans fin des sources commence à créer une confusion qui nous éloigne du but recherché, être capable d'utiliser concrètement et rationnellement les informations.

Beaucoup plus grave encore, de plus en plus, ces flux d'informations, dont beaucoup sont aux mains de communicants et de propagandistes et non de journalistes, désinforment, au lieu d'éclairer le citoyen. Le système informationnel et communicationnel brouille les informations et met chacun de nous dans une confusion qui permet à tout démagogue, à toute personne voulant faire passer un message et un peu maligne de prétendre tout et n'importe quoi en étant cru car étant crédible, face à nous, crédules... Dès lors, au lieu d'être des citoyens responsables, nous ne sommes plus que des consommateurs d'informations incapables d'en tirer une consistance utile et une aide dans notre citoyenneté.

A l'ère de la communication de masse, du «village global», de l'infinité de réseaux informationnels, il semblerait que nous sommes condamnés à vivre dans un monde manipulé, de plus en plus virtuel. Heureusement, cela n'est pas une fatalité.

Il est bien évidemment hors de question de revenir sous une quelconque forme que ce soit sur la liberté d'expression (d'autant que si c'était le cas, je ne pourrai écrire ce que j'écris en ce moment!). Car le problème de fond n'est pas qu'il y ait une infinité de médiateurs et que chacun raconte son histoire à sa façon (sauf s'il s'agit de mentir ou de diffamer volontairement) mais que ceux qui reçoi-

vent l'information soient capables de la comprendre, de la décortiquer et de faire la différence
entre transmission des faits et diffusion de propagande. Pour cela, le système éducatif doit jouer
un rôle de premier plan. Nous ne développerons
pas plus cet aspect fondamental qui n'est pas
notre propos ici.

Nous devons, d'abord, comprendre qu'il y a des
informations essentielles pour que chacun de
nous soit un «citoyen éclairé» capable d'agir et
de décider en toute connaissance de cause, avec
responsabilité et au mieux de ses intérêts, afin
que la démocratie ne soit pas seulement un mot
sans contenu. Nous appelleront ces informations,
des «informations citoyennes». Celles-ci nécessi-
tent une déontologie renforcée de la part des
médiateurs qui les diffusent. A côté, on trouve
des informations qui vont, soit cultiver, soit diver-
tir. Nous les appelleront des «informations loisirs»
sans que cela soit péjoratif pour celles-ci. Elles
ont une importance évidente dans nos existences
mais elles ne sont pas prioritaires et «utiles» pour
pouvoir nous déterminer en tant que citoyens.

Les «informations citoyennes» sont celles qui
concernent les domaines politique, économique,
social, international et scientifique. Elles doivent
faire l'objet d'un traitement éthique. Non pas pour
être monolithiques, bien évidemment, mais pour
que le citoyen qui recherche une telle information
puisse la trouver au moins dans un média sérieux
et indépendant. Il faut qu'elles y soient présen-

tées de la manière la plus factuelle et la plus neutre possibles, diffusées avec le plus d'«objectivité» et le plus de responsabilité possibles de la part du médiateur en question.

Certains estimeront que les propos tenus ci-dessus vont à l'encontre d'une vision libérale de la société. On peut ainsi arguer quatre objections à la création d'un service public de l'information.

Première objection: Il existe déjà un service public de la radio et de la télévision en France (Radio France et France Télévisions au moment où j'écris). C'est vrai. Mais ce service public n'a aucune obligation de délivrer uniquement l'information «citoyenne» dont je parlais. Ensuite, il n'a aucune obligation de se cantonner à l'information, qu'elle soit «citoyenne» ou de «loisirs» mais fait également et surtout dans le divertissement, étant en concurrence frontale avec les médias privés. Au fil du temps, il est d'ailleurs plus devenu un service public du divertissement que de l'information. Enfin, il est chapeauté par une autorité de contrôle totalement inféodée au politique.

Deuxième objection: C'est quoi le concept d'«information citoyenne la plus objective possible»? Qui détermine la «vérité journalistique»? Il est vrai que tout médiateur met de la subjectivité, qu'il le veuille ou non, qu'il soit le plus honnête ou le plus malhonnête, dans la transmission de l'information.

Pour autant, les professionnels de l'information ne sont pas dénués, loin s'en faut, d'une conscience et d'une volonté de réellement transmettre le plus honnêtement possible les informations qu'ils ont collectés.

Evidemment, il n'y a pas de «vérité journalistique». Il n'y a qu'une réalité. C'est de celle-ci qu'il faut le plus se rapprocher. Reste que les manquements de ce service public de l'information seraient plus facilement sur la place publique puisqu'il serait constamment sous le contrôle de tous les autres médias ainsi que des institutions démocratiques et, in fine, des citoyens. Et il aurait à rendre des comptes sur ces mêmes manquements. Dès lors, son statut différent des autres médias exercerait une pression plus grande sur ceux qui y travailleraient que le statut des médias privés.

Troisième objection: Comment contrôler l'information et ce service public de manière indépendante et objective? A cette objection je répondrai qu'un cahier des charges détaillé établira comment exercer un contrôle qui s'attachera essentiellement à ce que les faits soient à la disposition des citoyens, c'est-à-dire qu'il n'y ait pas de rétention d'informations ou de travestissement des faits.

Quatrième objection: C'est la liberté de la presse. La démocratie ne peut être une démocratie que si toutes les opinions peuvent s'exprimer. Ceci est constitutif de la démocratie même si cela recèle de grands dangers. Mais, comme le disait déjà Tocqueville à son époque, il faut savoir accepter les désagréments de la liberté de la presse pour bénéficier de tous ses bienfaits.

A cette objection, je répondrai qu'un service public, géré de manière autonome et se focalisant sur certaines informations ne sera qu'un média parmi d'autres. Il n'a donc aucune prétention à se substituer aux autres médias. Il est là, «en plus» des autres et non pas «à la place» des autres. En outre, il ne sera pas leur concurrent. On le voit bien déjà avec les différentes structures qui existent dans les démocraties. La télévision et la radio publiques américaines n'ont pas vraiment bridé la diversité et la multiplication des médias... Idem en France.

Une cinquième objection peut être faite à l'auteur de ces lignes qui se prétend défenseur de la démocratie républicaine et qui est un professionnel de l'information. Ce système politique prône la liberté dans la responsabilité. Un service public de l'information semble aller à l'encontre de cette vision.

D'abord, dans toutes les démocraties, il y a un service public, plus ou moins puissant, plus ou moins indépendant. La Grande Bretagne, loué pour sa démocratie et la liberté de parole, qui possède, en outre, une des presses écrites les plus puissantes du monde, possède un très fort service public audiovisuel avec la BBC.

Il ne s'agit pas de contrôler l'information par l'Etat. Bien au contraire. Il s'agit, simplement, par l'existence d'un service public indépendant de l'Etat, de donner aux citoyens la possibilité de trouver, à côté de la sphère des médias libres, fondement incontournable d'une démocratie, un lieu où est diffusé une information indépendante et neutre, idéologiquement, politiquement, économiquement et financièrement.

Ensuite, un vrai service public est, non seulement, indépendant des puissances financières mais également des puissances politiques et administratives. Il permet donc réellement aux journalistes qui en font partie de travailler avec une seule pression: dire ce qui est sans craindre une censure autre que celle qui s'applique aux mensonges et à la diffamation et une condamnation autre que celle prononcée par les tribunaux pour les mêmes motifs.

On comprend que cette tâche ne sera pas facile à réaliser. Elle ne l'a jamais été et elle le sera de plus en plus dans l'ère de communication globale dans laquelle nous sommes entrés depuis la fin du dernier millénaire. Mais elle doit être entreprise et vite. Plus nous avançons dans cette ère de communication globale, plus nous perdons ce que nous avons gagné lors de l'apparition d'une presse libre.

Ainsi, après avoir été dans l'obscurité et la désinformation, les peuples des démocraties ont conquis le droit d'être dans la clarté et l'information. Ils risquent de retourner dans cette obscurité et voir leurs capacités de discernement détruite par cette masse d'informations qui sème la confusion. Une confusion souhaitée par bien des médiateurs actuels et qui au lieu d'informer, in fine, désinforment par l'instrumentalisation des faits (quand ils ne sont pas tout simplement déformés, voire inventés)…

Quoiqu'il en soit, ce débat doit être porté sur la place publique et faire l'objet d'une véritable discussion citoyenne afin de prendre les bonnes décisions. Il en va de la démocratie et de la république.

Médias, maillon faible de la démocratie?

Sans médias libres pas de démocratie. Mais sans médias responsables, pas de démocratie aussi. D'où un problème récurrent pour la démocratie d'avoir des médias aussi libres que possible et aussi responsables que nécessaires, c'est-à-dire en les laissant libres de faire ce qu'ils veulent et en espérant qu'ils soient le plus responsable possible.

Ici, le lecteur ne doit pas faire une erreur d'interprétation. Je ne parle pas de la responsabilité judiciaire des médias qui permet à tous ceux qui estiment avoir été diffamés ou accusés à tort par des organes de presse d'aller demander réparation et condamnation devant les tribunaux.

La responsabilité n'est même pas celle d'un code de déontologie dont on connait la propension des journalistes de s'abriter derrière ses règles pour justifier tout et n'importe quoi, celle dont je parle est la responsabilité face à la mission de la presse qui justifie sa liberté: informer l'individu pour qu'il soit un citoyen averti et capable d'agir en toute connaissance de cause. Or, si l'on regarde ce qui se passe dans la plupart des démocraties de la planète, on en est loin.

Avant de développer, il est évident que les trois pouvoirs institutionnels, garants de l'exercice concret de la démocratie, l'exécutif, le législatif et le judiciaire connaissent eux aussi parfois des dérives dangereuses et inacceptables. Mais, à la différence des médias, ils ont des règles strictes de fonctionnement, se contrôlent l'un l'autre et sont redevables devant les citoyens par l'élection. On peut donc les censurer pour avoir failli vis-à-vis de la démocratie.

Les médias, eux, qui sont pourtant le «quatrième pouvoir», certes informel mais bien réel et même revendiqué, n'ont pas à rendre ce genre de compte quand ils faillissent à leur mission d'informer et c'est tant mieux pour la liberté d'opinion. En revanche, c'est tant pis pour l'information citoyenne, celle qui permet à la démocratie de fonctionner correctement. Car sans citoyen bien informé (et formé), la démocratie demeure formelle puisque celui-ci ne prend ses décisions que sur des informations qui sont souvent biaisées, instrumentalisées voire fausses.

Cette réalité vient en partie de ce que toutes les opinions peuvent s'exprimer ce qui permet à certaines idéologies populistes, autoritaires ou dictatoriales de faire de la simple propagande déguisée en information (ce que l'on appelle aujourd'hui fake news ou infox…).

L'autre partie est que les médias sont des entreprises commerciales ou vivent dans un environnement concurrentiel. Dès lors pour faire des profits ou simplement pour survivre, elles doivent appâter le chaland en créant eux-mêmes l'événement ou en l'enrobant jusqu'à la nausée de couches de clinquant. Une pratique aussi vieille que la presse mais qui a pris des proportions démesurées avec l'apparition des médias d'information continue 24 heures sur 24.

Deux mesures sont pourtant à même de réduire cette problématique que l'on ne pourra jamais régler définitivement, l'éradication de rumeurs, de mensonges, de «on-dit» et autres moyens de tromper le citoyen n'étant guère possible à 100%. La première est l'existence d'un vrai service public de l'information qui n'existe aujourd'hui dans aucune démocratie. La deuxième est la formation de l'individu aux médias afin qu'il puisse avoir un regard critique sur l'information qu'ils délivrent, qu'il puisse la décoder efficacement et non qu'il en soit tributaire de manière mécanique et passive. Ces deux mesures sont essentielle pour que le citoyen se fasse une opinion personnelle qui lui permette d'agir en toute connaissance de cause (ou en meilleure connaissance de cause qu'il puisse le faire) pour ses intérêts et ceux de la communauté dans laquelle il vit.

J'ai déjà évoqué plusieurs fois ce que devraient être un service public vraiment indépendant, à la fois, du pouvoir en place et des idéologies partisanes et de la structure indépendante qui devrait être à sa base avec un contrôle citoyen constant et strict. Quant à la formation des citoyens aux médias, elle est beaucoup trop confidentielle et limitée actuellement pour leur permettre un décodage utile et nécessaire.

Enfin, il est bien clair que ce n'est pas en rabotant la liberté d'expression, donc la liberté d'opinion, donc la liberté de la presse que l'on règlera le problème. C'est en offrant une alternative crédible, un complément nécessaire, une source honnête à un citoyen bien formé que l'on pourra faire en sorte que les médias soient ce qu'ils auraient du être depuis le début de la démocratie, son maillon fort.

Nous ne sommes pas trop informés mais trop désinformés!

La démocratie républicaine nécessite des citoyens possédant du savoir et correctement informés. Ce n'est pas nouveau. Tous les promoteurs d'un tel régime de liberté ont toujours insisté, à la fois, sur la responsabilité de l'individu et sa capacité à faire des choix.

Et ce qui ferait de lui cette personne responsable et éclairée serait avant tout qu'il soit instruit et informé, d'où la place éminente que l'école a toujours eu dans une démocratie républicaine et que les démocrates ont toujours mis en avant de leurs préoccupations.

D'où le rôle éminemment important de tout le système de transmission du savoir, c'est-à-dire l'école et la presse ou, pour faire un clin d'œil à la III° République, l'instituteur et le journaliste. Nous

ne devons jamais oublier que ces deux personnages emblématiques de la démocratie et de la
république remplissent des missions de service
public et sont essentiels pour la liberté, l'égalité et
la fraternité, sans lesquelles pas de respect et de
dignité humaine.

On l'a bien vu avec des dictateurs comme Hitler,
Staline et Mao, pour ne citer que les plus triste-
ment célèbres dont les premières mesures – toujours les mêmes de la part d'une dictature – sont
de transformer l'enseignement en endoctrinement
et de supprimer la liberté de la presse afin de
mettre en place un système de propagande. On
le voit bien, quotidiennement en ce premier quart
de XXI° siècle, avec Vladimir Poutine (Russie), Xi
Jinping (Chine), Kim Jong-Un (Corée du Nord),
Bachar Al-Assad (Syrie), Ali Khameini (Iran),
Tayyip Erdogan (Turquie), dans ces régimes où
on ne compte plus les journalistes emprisonnés
ou assassinés, où les enseignants ne sont souvent que des porte-voix du pouvoir.

Et elles sont constamment menacées dans nos
pays démocratiques par des populistes et des
aventuriers comme Trump (Etats-Unis), Le Pen
(France), Kaczynski (Pologne), Orban (Hongrie),
Meuthen (Allemagne), Farage (Royaume Uni).

L'importance d'une tête bien remplie et irriguée
correctement par de bonnes informations est
donc primordiale. Or, avec internet et les chaines

d'information en continue, on nous dit surinformés et que cette surinformation tue l'information.

Si cette équation n'est pas totalement fausse (entre autres parce qu'un océan d'informations sans réelle importance noie les rivières d'informations citoyennes essentielles et les met sur le même plan que des informations de divertissement), encore faudrait-il qu'elle soit la réalité que nous vivons. Ce qui n'est pas du tout le cas. En fait, nous sommes d'abord sur-mal informés surtout sur-désinformés!

Ici, il faut utiliser les bons termes pour pouvoir saisir et appréhender correctement les problèmes et proposer des solutions justes. Informer n'est pas désinformer.

Et si la surinformation peut créer de la confusion chez des esprits peu préparés à la mise en perspective d'un nombre de faits importants, la sur-désinformation, elle, par un flot continu de mensonges et de contre-vérités crée l'incapacité de comprendre correctement le monde qui nous entoure et de choisir les comportements adéquats face à la réalité qui est occultée mais aussi par rapport à nos intérêts.

Cette manipulation de nos esprits parvient même à nous tromper et susciter les mauvaises réactions en regard de nos valeurs et de nos principes alors que nous croyons les servir... L'irruption récente des concepts comme les «fake news», la «post-vérité» ou les «faits alternatifs» ont remis à l'ordre du jour la question, éminemment importante dans une démocratie, de la désinformation.

Mais outre ces concepts mis en œuvre lors des campagnes présidentielles américaine (2016) et française (2018) par des acteurs locaux et internationaux sur internet et plus précisément sur les réseaux sociaux et les sites d'attaques (comme les russes Sputnik et RT), c'est bien toute une conception de l'information citoyenne qui est en jeu.

De ce point de vue, toute loi sur les fake news venue d'opérateurs non-journalistiques est, quoiqu'il arrive, une bien pâle réponse au défi qui est posé (ou une atteinte à la liberté d'opinion si elle va trop loin...) car les médias dits «traditionnels» sont également porteurs de fausses informations, de désinformation et de colportage de rumeurs, le tout vieux comme le monde, vieux comme la création des premiers journaux.

Mais, plus grave et encore venus des Etats-Unis, de faux sites d'information, le plus souvent initiés par des membres radicaux du Parti républicain, ont fait leur apparition sur la toile en 2018, s'occupant souvent de politique au niveau local en attaquant les candidats démocrates avec des fake news comme dans l'Etat de Rhodes Island où l'une d'elle, affirmant que la candidat démocrate à la mairie de la deuxième ville de l'Etat avait traité ses habitants de «ramassis de racistes», lui a sans doute coûté l'élection (il a perdu avec 145 voix de retard).

Selon les analystes, ces sites dont il est très difficile de remonter l'origine avec l'utilisation de pseudonymes, pourraient être la prochaine étape des fake news qui jusqu'à présent, sur internet, passaient surtout par les réseaux sociaux. Et la facilité avec laquelle on peut créer ces sites permettrait à tous – dont les Russes – d'inonder la toile avec de fausses nouvelles venues de faux sites d'information…

Sans oublier tous ces trolls payés ou non qui diffusent les fake news pour quelques cents et/ou pour l'unique volonté de détruire la démocratie républicaine.

79% des Français selon un sondage publié en 2018 ont exprimé leur volonté de lutter contre ces fameuses fake news. Ceux qui prétendent qu'une loi globale en la matière serait liberticide ou ne servirait à rien, se trompent de combat. Car la désinformation est bien plus liberticide qu'une régulation de la liberté d'information (branche de la liberté d'expression). Tromper le citoyen est ainsi souvent beaucoup plus dangereux que de l'empêcher de prendre connaissance d'une nouvelle controversée.

Pour autant, s'il faut sans doute réprimer les informations frauduleuses, les mensonges éhontés et les attaques sans fondement, on n'empêchera jamais la désinformation, la propagande, les fausses nouvelles et les faits alternatifs dans le cadre d'une «post-vérité».

En revanche, on peut réduire leur importance et leur impact, voire les annihilés si l'individu est un citoyen éclairé. Et celui-ci ne peut exister que s'il a reçu une bonne formation et s'il peut se procurer une information fiable et sérieuse délivrée par des sources identifiables et remplissant une mission de service public (qui cohabitent évidemment avec les médias d'opinion dont il est évident qu'aucun ne doit être interdit ou pourchassé sauf ceux qui appellent au meurtre et qui militent contre le respect et la dignité humaine).

In fine, ce sera toujours, dans une démocratie républicaine, la capacité de l'individu à analyser, à faire un travail critique grâce à son savoir qui lui permettra de choisir ce qu'il veut en toute connaissance de cause et en toute responsabilité.

Cela n'évitera pas les dérives venues des créateurs et des diffuseurs d'information qui sont vieilles comme le monde.

Le progrès dans l'enseignement et l'information n'est pas venu, ne vient pas et ne viendra pas de l'élimination de toutes les tromperies et tous les mensonges, c'est impossible, mais d'individus capables de ne pas en être les victimes, ce qui est largement atteignable. L'individu instruit et

informé est la meilleure réponse à la désinformation. Mais encore faut-il s'en donner les moyens
en n'oubliant pas que c'est une des missions
principales, si ce n'est pas la première de tout
régime démocratique et républicain.

Nouveaux canaux d'information, nouvelles possibilités de désinformation

L'arrivée des nouveaux canaux de communication comme internet et leur démocratisation posent le problème de la diffusion de l'information et de sa véracité. Si le problème n'est pas à négliger, on doit tout de même dire que le contrôle de l'information par des «professionnels» n'a jamais empêché la propagande, la manipulation, le mensonge et l'incompétence.

De même, le travail factuel a toujours été parasité par l'idéologie. Donc, nous ne pouvons pas nous référer à une «époque dorée» en train de disparaître. Néanmoins, l'afflux d'information ne doit pas non plus nous réjouir de manière trop naïve. Si le «contrôle» devient, pour certains, plus difficile et aléatoire ou, pour d'autres, plus «démocratique» car partagé par la population tout entière, son côté beaucoup plus diffus peut permettre, grâce à la transmission instantanée au plus grand nombre, des manipulations immédiates dangereuses.

De toute façon, cette sorte d'autocontrôle des citoyens sur l'information ne risque malheureusement pas d'aboutir à une connaissance meilleure des faits mais à une interprétation quasi-infinie du réel.

Ne pas tomber dans la société du mensonge

Plus personne ou presque aujourd'hui ne parle du rôle pédagogique que peut et devrait jouer l'information. Mais ce rôle est inhérent à la fonction d'informer car, par essence, il s'agit d'apprendre quelque chose à des gens qui ne le savent pas ou le savent mal avant même de donner un avis ou de la mettre en scène. Dès lors l'information n'a rien à voir avec l'opinion partisane (l'opinion partisane peut et doit s'en saisir pour donner son avis mais pas pour parasiter l'information elle-même qui, elle, par essence doit approcher au plus près l'objectivité car devant seulement relater un fait) et, bien évidemment avec le divertissement qui sont deux fonctions différentes et qui ne peuvent jamais se rejoindre (même si le divertissement peut parfois avoir un rôle pédagogique et informer).

Par ailleurs, il semble inexorable que les niveaux culturel et intellectuel des populations augmentent (au-delà de l'augmentation de l'intelligence elle-même…). Il semble, parallèlement inexorable que l'offre d'information augmente d'une manière quasi-exponentielle par une demande du public et par une offre qui n'a plus de limite grâce à la révolution technologique de l'information que nous vivons depuis la fin du XX° siècle et la création d'internet et de l'information en continu. Mais s'il n'est pas encore inexorable que le résultat de ces deux phénomènes – élévation du niveau culturel et révolution technologique de l'information – nous entraine dans une société du mensonge où, paradoxalement, plus nous serons informés (et désinformés!), moins nous connaîtrons, si ce n'est la vérité, en tout cas, la réalité, le risque, néanmoins, est sans conteste là. Et il est particulièrement prégnant. Dès lors, il n'est pas inimaginable que nous aboutissions à cette situation des plus graves pour la démocratie que la libre transmission de l'information, sensée la renforcer, in fine, l'affaiblisse et la fasse disparaître.

Plus les flux d'informations augmenteront moins nous serons capables de démêler le vrai du faux. Déjà, ceux qui se disent des professionnels de l'information, les journalistes, font de moins en moins de vérifications sur les dires de ceux dont ils font passer le message, soit par manque de temps, soit par manque de professionnalisme, soit par manque de formation, soit par esprit partisan. Il faut, de temps en temps, qu'une enquête, un reportage ou un dossier, regardé, écouté ou lu par une infime minorité de gens, soit réalisé pour que l'on explique un peu plus en profondeur une réalité qui n'est pas toujours aussi simple que des gros titres le font croire.

La société du mensonge se bâtit à partir de flux d'informations qui sont considérés comme des données qui nous permettent de mieux connaître et de nous faire une opinion. Or, comment nous faire une opinion si nous ne savons pas ce qui s'est réellement passé. L'exercice de l'art journalistique est périlleux. Non pas pour tous ceux qui confondent propagande et information, opinion et fait, spectacle et investigation, ceux-là ont choisi leur camp – qui n'est pas celui du journalisme. Mais exercice périlleux pour les nombreux journalistes qui tentent, honnêtement et quotidiennement, de faire leur travail. Même si parmi ceux-là, ils s'en trouvent pour choisir une sorte de facilité qui consiste à éviter de réaliser un travail sérieux en se contentant d'approximation voire d'erreurs tout en reprenant les assertions de certains communicants sans avoir réalisé un travail d'enquête et de vérification.

Exercice périlleux, donc, car il ne faut pas confondre les genres mais aussi demeurer humble. Ainsi, la vérité n'existe pas a priori dans le journalisme. Sa recherche est vaine, aboutissant, la plupart du temps à l'émission d'une opinion. En revanche, il existe une réalité apportée par une somme de faits. C'est celle-ci que le journaliste doit traquer sans relâche quand il fait un travail d'enquête. Cependant, il est confronté à deux écueils. Le premier est que chaque acteur d'une histoire journalistique possède généralement sa vérité et tente de la faire passer en influençant le médiateur qu'est le journaliste. Le deuxième provient de l'utilisation des faits. En effet, tout dépend de ceux que l'on a choisi de mettre en lumière...

Sans doute y a-t-il une objectivité. Néanmoins, l'être humain ne peut que parler de subjectivités, même dans les cas les plus limpides. C'est pourquoi, le lecteur, le téléspectateur, l'auditeur et l'internaute doivent toujours pouvoir saisir la subjectivité de celui qui les renseigne et les informe. Et d'ailleurs, aucune objectivité humaine n'est dénuée de subjectivité(s). Seul Dieu – s'il existe – connaît la vérité et l'objectivité. Mais une chose est de la connaître, une autre est de la rechercher constamment dans son travail.

Pas question ici de donner des leçons d'un maître du travail bien fait à des élèves n'y parvenant pas. Tout de même, nous, journalistes, avons tous commis des erreurs, nous avons tous été abusés un jour ou l'autre dans l'exercice de notre métier. L'important est de le savoir. Plus important encore est de savoir qu'on pourra encore l'être malgré l'expérience si la vigilance n'est pas de tous les instants. Bien entendu, il y a erreur et erreur, il y a nuisance et nuisance. Annoncer la sortie du nouvel album d'une star de la musique alors que cette dernière n'est même pas en train d'enregistrer, c'est une faute. Mais, livrer à la vindicte populaire des hommes dont on n'a pas vraiment vérifié la culpabilité en est une autre bien plus grave.

Le journaliste n'est responsable que devant ses lecteurs-auditeurs-téléspectateurs disent beaucoup d'entre nous. C'est exact pour une large part notamment celle qui règle la confiance entre un individu et ses médias favoris. En revanche, les torts causés à un être humain n'entrent pas dans ce cadre. Reste la justice, direz-vous. Sans doute, mais celle-ci est bien imparfaite et, surtout, elle ne pourra jamais réparer le mal fait. Ainsi, désigner un coupable qui se révèle innocent par la suite revient souvent à gâcher la vie d'un homme ou d'une femme pour de nombreuses années, si ce n'est pour le reste de ses jours. Les démentis n'y feront rien. Tout le monde connaît l'impact des premières informations que pratiquement jamais les suivantes ne pourront réellement effacer.

C'est grave mais peut-être penserez-vous que tous les jours la vie est faite de fausses informations, de rumeurs et d'injustices. Et les injustices dues à la presse sont certainement moins importantes que celles venant de régimes dictatoriaux ou, tout simplement d'institutions comme l'école, l'armée, etc. Oui mais une des fonctions de la presse n'est-elle pas de faire en sorte que les injustices ne surviennent pas grâce une information honnête (et non pas une lutte contre les in-justices, la presse n'étant pas une organisation humanitaire).

Souvent, le journaliste se retranche derrière la justice pour affirmer que son travail a été correctement réalisé. Malheureusement la justice des humains dérape tous les jours et le journaliste, loin de s'abriter derrière, doit être un observateur sans concession vis-à-vis d'une machine judiciaire souvent utilisée pour préserver un ordre social ou politique plutôt que de défendre le simple citoyen.

Toujours est-il que nous devrions méditer sur la «pensée unique» journalistique. Celle-ci ne date pas d'hier mais fonctionne depuis des lustres. Elle consiste à chercher et trouver les méchants fin de désigner les bons. Manichéisme d'une presse qui a besoin de repaires pour justifier son existence? En tout cas, besoin de trouver une justification morale à son idéologie (ou ses idéologies). Pour en donner des exemples récents, nous citerons seulement la guerre du Vietnam avec le méchant impérialiste américain et le bon bao daï (le soldat Nord-vietnamien) jusqu'à l'effroyable réalité des boat-people. Même mécanisme avec le Cambodge où les premiers témoins des massacres génocidaires furent traités de menteurs comme les premiers témoins du goulag stalinien. Quant à l'Iran, rappelons simplement que l'on a opposé le tyran Rehzavi (le shah d'Iran) au démocrate Khomeini...

Tout ce que l'on vient de voir se voulait simplement un rappel de quelques évidences mais aussi des difficultés auxquelles les journalistes sont confrontés quotidiennement. Mais ces évidences doivent aussi être les pierres d'une sorte de phare de la vigilance pour ce travail, c'est-à-dire un rappel constant pour ne pas déraper vers l'approximation ou la «vérité» que l'on fabrique avec plus ou moins de bonne foi. Car le Rwanda et ses événements de 1994 (ou depuis 1959 si l'on veut remonter à la source, si ce n'est depuis plusieurs siècles) est l'archétype du bourbier journalistique où plus d'un enquêteur s'est laissé emprisonner lamentablement dans de la propagande venue de tous les bords...

Dans toute histoire, il n'y a pas une réalité mais mille réalités qui s'entremêlent. Et le plus difficile est que souvent ces réalités en s'opposant sont toutes vraies et réelles! Dans un cas comme le Rwanda et les événements de 1994 ainsi que l'avant et l'après, cela devient une évidence. Ainsi, telle personne dénonce telle autre ou telle institution alors qu'une autre indique que celle-ci lui a sauvé la vie. Pour l'un voici un méchant, pour l'autre voilà un gentil... Comment débrouiller les fils emmêlés? Comment savoir si cette personne ou cette institution a été «plutôt gentille» ou «plutôt méchante»? Et qu'est-ce que cela veut dire «plutôt»?

D'autant que la sémantique recouvre des milliers, des dizaines de milliers voire des centaines de milliers de meurtres. Mais cette sémantique n'est pas dérisoire car elle recouvre également la complexité d'une situation où, à côté de héros et de salauds, il y a ceux qui, pris dans une tourmente qu'ils ne comprennent pas et qu'ils ne peuvent dominer, agissent comme des êtres ivres à la dérive dans des actes tantôt héroïques, tantôt immondes, tantôt lâches...

La justice institutionnelle a déjà du mal à y voir clair même en utilisant ses critères pour condamner ou innocenter. Le travail journalistique est donc incomparablement plus compliqué car il lui faut appliquer des critères de neutralité tout en évitant que les médias ne soient complices et aident des coupables à utiliser ce travail comme propagande pour s'absoudre.

Cela mérite une petite explication. Dans nos sociétés actuelles, La logique et la rationalité ne sont pas l'apanage de l'information de masse. Car ce ne sont pas les critères mis en avant. C'est en effet l'émotion qui domine et qui est mise en avant. Car l'émotion fait les taux d'écoute ainsi que les tirages et les clics, ce qui permet de susciter un intérêt qu'il soit pour ou contre. Tous les grands propagandistes au cours de ce siècle l'ont compris et ont toujours su travailler l'émotion en laissant les démonstrations logiques, trop difficiles à mettre en scène. Avec l'émotion, à côté d'elle aussi, son complément est l'image. Pas seulement l'image audiovisuelle. Il faut susciter l'image partout. On ne recherche pas la vérité mais la mise en scène d'une émotion qui suscitera des sentiments pour ou contre.

Pour conclure, il faut rappeler sans cesse que l'utilisation des mots, des images, des situations, des hommes et des femmes n'est jamais innocente. Et que les journalistes sont responsables que le citoyen ne soit pas trompé et qu'il puisse recevoir, sans artifices, une information essentielle pour ses choix et sa vie

L'information journalistique biaise la réalité

L'information journalistique ne présente pas le monde tel qu'il est dans la très grande majorité des cas. Explications: pour que nous soyons informés sur une partie du monde, il faut qu'il «s'y passe quelque chose», c'est-à-dire que se déroule un événement dramatique ou exceptionnel qui fasse «l'actualité». Là où aucun événement de ce type n'a lieu, selon les critères journalistiques, il ne se passe «rien»! Ce n'est pas que tout va bien ou tout va mal mais qu'il n'y a «rien» à raconter selon les critères de l'«actualité»... D'ailleurs, comment raconter le «rien», si tant est que la presse le veuille en couvrant quotidiennement tous les pays du monde pour en donner des comptes-rendus? Cela semble une gageure puisque, par définition, on ne peut pas raconter un non-événement, une absence de faits extraordinaires, c'est-à-dire, dans l'acceptation littérale du terme, qui n'entre pas dans l'ordinaire normal.

Dès lors, «l'actualité» ne peut être une source pour connaître la vie telle qu'elle se déroule dans le monde. Donc, celui qui n'utilise que cette information ne connaît pas le monde tel qu'il est mais un monde où tout se passe dans le dramatique, le conflictuel ou l'exceptionnel. C'est pourquoi l'information journalistique est, globalement parlant, au minimum, de l'information tronquée.

Et sans doute il ne peut en être autrement sauf à faire des enquêtes et des dossiers fouillés à périodes répétées sur tous les endroits de la planète pour y décrire la vie quotidienne ce qui, vu les capacités matérielles et financières des médias, semble impossible (si tant est que cela puisse intéresser les consommateurs d'information). Bien évidemment, le citoyen peut toujours lire des livres sur tel ou tel endroit, telle ou telle culture qu'ils soient dans la description et l'explication de ce qui s'y passe actuellement ou dans l'histoire. Il peut également s'y rendre par lui-même, parler avec des gens d'ici et de là-bas, regarder des documentaires, etc. D'où l'intérêt de s'informer par d'autres biais que les médias (au-delà de se bâtir une culture personnelle).

Depuis l'invention de l'information spectacle, le spectacle prime sur l'information

On parle beaucoup de «fake news» dont le but serait de déstabiliser un régime politique. Avec les nouvelles techniques de l'information (internet, câble, diffusion numérique de la télévision), ces «fausses informations» ou «infox» selon la nouvelle terminologie française, ont pris une nouvelle dimension mais elles ont toujours existé et on les nommait plutôt propagande ou désinformation et étaient surtout mises en route par des groupes politiques et des Etats ainsi que par des entreprises qui pouvaient tenter de maquiller de la simple publicité en information. Aujourd'hui, n'importe qui peut diffuser sur une large échelle ces infox. Il y avait bien sûr les attaques personnelles mensongères qui, aussi, de nos jours, ont pris une nouvelle dimension mais que l'on appelait plutôt de la diffamation. Cependant l'on oublie, dans ce débat, une dimension extrêmement importante, peut-être la plus importante de toute, c'est la transformation de l'information en spectacle.

Cette mue ne date pas d'hier, elle a commencé à la fin du XIX° siècle et a réellement pris son essor au cours du XX° siècle (ce qui permet, encore une fois, de tordre le coup à cette légende d'un «âge d'or de l'information» car cet âge d'or de la presse ne fut pas journalistique mais essentiellement commercial) lorsque l'éducation du peuple couplée aux progrès technologiques a permis à la presse écrite de devenir un phénomène de masse où les différents intervenants se devaient d'attirer le chaland. Aujourd'hui, grâce aux nouveaux canaux d'information permis par la technologie, elle s'est répandue de manière endémique.

Le fondement de l'information spectacle est que l'information est un produit comme un autre, qui doit se vendre comme un autre et que pour appâter le «client» (lecteur, auditeur, téléspectateur, internaute), il faut la mettre en scène, la rendre la plus attirante possible et la faire coller avec les souhaits et les désirs de cette clientèle (ce qui permet, entre autres, de faire quelques concessions voulues avec la réalité).

Et, comme pour n'importe quel produit, la forme est au moins aussi importante que le fond. Un gros titre vendeur vaut mieux qu'un titre informatif, une image «choc» vaut mieux qu'une image documentaire... Et, comme pour n'importe quel spectacle, la mise en scène est primordiale. Sans oublier que l'information plus ou moins «trafiquée» mais susceptible de créer une très large audience sera souvent préférée à toute prévention en la matière puisque le risque est généralement limité à un démenti, voire un doit de réponse ou, parfois, à un procès en diffamation avec une condamnation la plupart du temps moins onéreuse que le profit réalisé par sa publication (la presse «à scandale» en étant l'exemple emblématique).

Il convient ici de ne jamais oublier que les entreprises de presse ont toujours été des sociétés commerciales dont le but est d'avoir le plus de clients possible, donc de faire le plus de profit possible. Et quand cette caractéristique commerciale est doublée d'une volonté partisane, cela a plutôt tendance à multiplier le côté spectaculaire au détriment de l'aspect informatif.

Dans un système de concurrence, il faut donc être meilleur que l'autre. Les quotidiens et autres supports papiers se sont livrés des luttes dantesques pendant des décennies. Puis ce sont les radios qui se sont affrontées avant que ce ne soit, en France, les chaînes de télévision «publiques» (on se rappelle les luttes entre la première et la deuxième chaîne sur l'audimat du journal télévisé de 20 heures...). Désormais, avec un paysage audiovisuel et numérique où le nombre d'acteurs s'est multiplié, la chasse au client a pris une dimension jamais vue auparavant.

Et pour que ce client aille plutôt regarder cette chaîne d'info en continu que sa rivale, plutôt ce site internet que son alter ego, aille plutôt écouter cette radio que sa concurrente (même chose pour la presse écrite), il faut lui «vendre» l'information du mieux possible et le plus vite possible. Le mélange spectaculaire et immédiateté produit un mix détonnant qui, de plus, entre en synergie avec l'inculture et la mauvaise formation d'une partie du personnel journalistique (auquel il faudra bien un jour s'attaquer).

Dès lors, où est l'information citoyenne? On pourrait penser qu'elle se trouve du côté du service public de l'information que la plupart des pays du monde possède et qui devrait remplir le rôle de permettre aux citoyens de pouvoir s'informer en-dehors des dimensions commerciales et partisanes. C'est en tout cas sa mission dans les démocraties républicaines.

Or cette mission, en particulier en France, n'est absolument pas remplie. D'une part parce que le service public a été mis en concurrence avec le secteur privé (dont la logique demeure essentiellement commerciale, ne serait-ce d'ailleurs que pour subsister) et parce que, d'autre part, il est souvent le lieu d'une intense polarisation idéologique donc partisane. Du coup, partout où nous allons pour nous informer, nous n'obtenons que des informations biaisées où les faits sont souvent tronqués, systématiquement mis en scène, presque toujours parasités par un commentaire qui ne dit pas son nom dans un but commercial et/ou idéologique.

Ce paysage médiatique, comme on l'a vu, n'est pas nouveau mais le phénomène de l'information spectacle (que les Américains appellent «infotainement») est désormais la normalité. Ce qui m'amène à parler de la défense bien connue du monde médiatique (au-delà de ses dénégations sur les comportements cités ci-dessus): si nous sommes comme ça, c'est parce que le lecteur le demande. Tous ceux qui ont travaillé dans le milieu journalistique ou ont eu affaire à lui, ont entendu cette affirmation. Comme le public demande du spectacle, donnons-en lui comme le faisait les Romains avec les jeux.

Là, se trouve une des supercheries les plus hypocrites. Que des entreprises commerciales cherchent par tous les moyens à vendre leurs produits, c'est une évidence et elle est même légitime (quand il n'y a pas tromperie du client sur le produit proposé). Le problème, c'est que l'information (en tout cas dans de multiples secteurs, de la politique à l'économique, du social à l'international), n'est pas un produit comme un autre.

Qu'il existe des médias qui contentent les souhaits de certains, peu importe. Néanmoins, il ne peut être question de tordre le cou à la réalité pour vendre du mensonge sur des informations citoyennes en prétextant que c'est le bon peuple qui le demande. Une telle justification est contraire à la mission de la démocratie républicaine, donc à la liberté de la presse qui lui est consubstantielle. L'information doit être vraie et le commentaire libre mais l'une et l'autre doivent être clairement séparés.

Pour autant, il faut l'affirmer sans aucune réserve, comme le rappelait Alexis de Tocqueville, qu'il faut toujours préférer les maux d'une presse libre imparfaite à l'absence de liberté d'information. Néanmoins, nous pouvons amender ce monde médiatique dans un sens où le citoyen, à côté de ces médias commerciaux, doit pouvoir se tourner vers un vrai service public qui respecterait, enfin, les règles journalistiques de base en matière d'indépendance, d'honnêteté et qui remplirait son rôle d'informer (avec cette volonté formatrice qui est à la base d'acquérir ce savoir qui permet au citoyen d'être une personne responsable, c'est-à-dire capable d'agir sur son existence en toute connaissance de cause).

De même, nous pouvons créer des entreprises de presse associatives qui seraient à la base d'un pluralisme partisan qui, aujourd'hui, est menacé par l'aspect uniquement commercial des médias.

Enfin, un effort très important doit être fait dans la formation, à la fois, des citoyens (notamment lors de la formation scolaire) qui doivent pouvoir décrypter et comprendre au mieux l'information qu'on leur sert mais aussi des professionnels, en particulier les journalistes, qui doivent avoir une base solide mais aussi le respect d'une déontologie qui, certes, existe mais semble être un phare dont la lanterne est tombée en panne depuis trop longtemps. Et que l'on se rappelle que si, sans liberté de la presse, pas de démocratie, sans une information citoyenne pas de vraie démocratie.

Quand les médias ne relatent plus
les événements mais les créent eux-mêmes

Ce n'est pas du domaine des «fake news» (infox) mais cela peut être aussi dangereux, voire plus, puisque cela concerne des médias qui devraient normalement dire la «vérité» ou, en tout cas, la réalité et non des officines ou des particuliers dont le but est de répandre des mensonges pour déstabiliser la démocratie.

De quoi s'agit-il? A partir d'un fait plus ou moins mineur – voire d'une suspicion d'un fait, voire d'une simple rumeur d'un fait, voire même d'une information que l'on sait erronée ou que, tout simplement, on a inventé!) –, nombre de médias créent des événements qui n'en sont pas et donnent de la visibilité à quelque chose qui n'en avait pas la légitimité au regard de ce qu'est, a priori, la mission des journalistes, plus sûrement du journalisme. Même si cette propension existait déjà par le passé, elle a pris des proportions critiques et dangereuses pour le fonctionnement de la démocratie.

Pourquoi ce phénomène? Parce que dans un secteur fortement concurrentiel où il n'y a pas de place pour tout le monde (que ce soit pour les chaines d'information en continu, les quotidiens, les sites internet, etc.), il vaut mieux être constamment sous les projecteurs en diffusant de l'infontainement (information-spectacle) plutôt que de demeurer dans l'ombre en s'attelant à publier de l'information sérieuse. Mais l'entreprise peut aussi être en même temps idéologique, voire simplement idéologique de la part de la presse d'opinion. Dans ce dernier cas, on retrouve, en partie, le profil de la «fake news» ou, plus trivialement, de la propagande.

Or donc, pour être le centre du monde et faire le buzz, le mieux est de créer soi-même l'évènement dans le fond et dans la forme. Parce qu'au lieu d'attendre l'événement et de partager sa diffusion avec d'autres, on est alors le seul à focaliser l'attention et la seule source où le public peut prendre connaissance de l'«événement». On va ainsi dramatiser la situation, la romancer, faire du «storytelling» et on va l'habiller avec des titres accrocheurs et emphatiques et la mettre en avant, à la Une avec une place démesurée dans le temps ou la longueur qui lui est consacré.

Un des exemples récents les plus frappants ont été ces longs tunnels avec des bandeaux anxiogènes et racoleurs que les chaines d'info en continu ont consacrés au mouvement de foule des gilets jaunes en France même quand celui-ci ne concernait que des défilés de quelques centaines, voire quelques dizaines d'individus. Mais c'est aussi ces titres de la presse écrite qui ne correspondent absolument pas à la réalité de l'événement relaté, voire même au contenu de l'article, pratique dénoncée par ceux-là même qui écrivent ou sont interviewés dans les articles en question...

La création d'événement doit également être reliée à l'apparition d'internet et à la bataille qui fait rage depuis entre la toile (en particulier les réseaux sociaux et les blogs) et la presse traditionnelle pour attirer le chaland. Partant avec un lourd handicap dans ce domaine, la presse écrite a largement adopté les codes de (in)conduite du web et sa capacité manifeste à créer de manière artificielle le buzz. Sans oublier que beaucoup de ceux qui travaillent désormais dans les médias «traditionnels» ont été élevés et nourris avec ce même web quand ils n'ont pas commencé leur carrière professionnelle sur les sites internet et les réseaux sociaux ou en tenant un blog.

Tout cela se fait évidemment au détriment de l'information citoyenne, celle qui doit permettre à chacun de nous d'être capables de prendre des décisions en toute connaissance de cause.

Il n'y a pas, à l'heure actuelle, de solution à cette dérive et il n'y en aura peut-être jamais parce que la liberté d'opinion donc d'expression donc de la presse est consubstantielle avec l'existence de la démocratie. Dire à la presse ce qu'elle doit dire et comment elle doit le dire n'est pas une option. Bien sûr, quand l'événement est inventé de toute pièce ou quand il met en cause faussement des gens ou des organisations, les tribunaux peuvent agir mais ils ne sauraient, sans risque pour la liberté, dire ce qui doit être mis en Une et de quelle manière telle information doit être traitée.

On ne peut pas, non plus, attendre quoi que ce soit d'un code de conduite initiée par les médias et dont on sait qu'il ne serait jamais appliqué par une partie d'entre eux.

Reste à renforcer le plus possible le service public d'information. D'abord pour en faire un vrai service public. Ensuite pour qu'il remplisse sa mission d'informer le citoyen du mieux possible sans être entrainé dans les dérives d'une information-spectacle ou une information-propagande. Aujourd'hui, ce service public joue exactement avec les mêmes codes que tous les autres médias et a parfois des comportements pires ceux des entreprises commerciales que sont les médias privés.

La problématique décrite ici fait partie d'une question plus large du fonctionnement des médias dans une démocratie où la vigilance doit être constante pour assurer leur liberté mais aussi pour empêcher leurs dérives. Voilà qui n'est pas une mince affaire.

Le combat pour une information «vraie»

En ce premier quart de XXI° siècle, les députés français ont donc voté des dispositions (dans deux lois séparées) contre les «infox» ou «fausses informations» («fake news» en anglais d'où le terme français est issu) et la «manipulation de l'information» en période électorale, c'est-à-dire trois mois avant un scrutin national (municipales, législatives, présidentielles, etc.). Une «fausse information» étant définie dans ces lois comme «toute allégation ou imputation d'un fait, inexacte ou trompeuse». Rappelons par ailleurs que ce n'est pas celui qui invente cette fausse information qui sera sanctionné mais celui qui la diffuse de «manière délibérée» et de «mauvaise foi». C'est, à la fois une législation de bon aloi et de circonstance.

De circonstance car elle vise à répondre au déversement de fausses informations par des officines payées ou appartenant à des entités éta-tiques ou des groupes partisans qui veulent déli-bérément fausser le rendez-vous primordial que représente dans une démocratie républicaine, une élection des représentants du peuple. De bon aloi parce qu'elle reconnait que la fausse information et que la manipulation de l'information sont des cancers de la démocratie représentative à l'ère de l'information en continu et des réseaux sociaux.

Bien entendu, ces fausses informations et ces manipulations ont toujours existé, on les a appe-lées au cours des temps rumeurs, propagande, désinformation, endoctrinement, intoxication, ... Il faut bien comprendre que dans une démocratie républicaine libérale et représentative, le rôle du savoir et de l'information sont primordiales pour le bon fonctionnement du système et des institu-tions. Seul un citoyen qui sait et qui est informé, peut choisir, en toute connaissance de cause, ce qui est bon pour lui. Seul un peuple à qui l'on a transmis le savoir et à qui l'on permet de s'informer, peut choisir son présent et son avenir en toute responsabilité.

Cette loi ne répond évidemment pas à cette mis-sion essentielle de ceux qui transmettent le savoir et l'information mais elle est une reconnaissance concrète, avec d'autres dispositions qui existent déjà, de cette mission pour la démocratie républi-caine. Pour autant, il reste encore tellement à faire pour que le citoyen possède le savoir et les informations adéquats afin d'être capable de se faire sa propre opinion en toute indépendance. Si l'on devait, par exemple, relever toutes les «fausses informations» et toutes les «manipulations de l'information» auxquelles nous sommes confrontés quotidiennement, et pas seulement sur des plateformes internet malhonnêtes ou phagocytées par des «trolls», nous verrions que la tâche est immense et particulièrement compliquée.

Manipuler un fait par idéologie, que ce soit par un politique, un spécialiste ou un journaliste est, à la fois, courant et normal puisque ceux-ci ont une opinion en tant que citoyens et en tant qu'acteurs engagés. Et cela s'appelle la liberté d'expression qui est fondamentale dans une démocratie républicaine. Mais celle-ci entre souvent en collision avec la réalité qu'elle interprète et s'inscrit dès lors dans un contexte partisan où l'individu ne peut souvent plus faire la part des choses entre l'opinion et le fait.

L'important n'est pas qu'un centriste ne croit pas ceux qui diffusent la pensée du Centre, idem pour ceux qui sont de gauche et de droite avec leurs pensées politiques respectives. Non, il s'agit de permettre aux personnes d'acquérir pour leur vie durant le savoir et l'information juste ainsi qu'une capacité à décrypter, à analyser et à se faire une opinion en toute indépendance. Il s'agit de leur permettre de trouver des canaux d'informations dont le but n'est pas de diffuser une idéologie ou de faire du sensationnalisme afin de gagner le plus d'argent possible mais de permettre, autant que possible, de trouver le fait brut. A eux, ensuite, de l'interpréter et, pour cela, de s'aider de toutes les opinions diffusées.

On en est encore loin, tant le service public de l'audiovisuel est éloigné de cette configuration, à la fois parce qu'il permet dans son fonctionnement de teinter idéologiquement toute l'information et parce qu'il se bat contre les chaînes commerciales dont le but premier est de dégager des bénéfices en se servant de leurs programmes pour attirer le chaland-téléspectateur.

Quant à ceux qui crient au scandale pour les dispositions législatives qui viennent d'être votées par l'Assemblée nationale, parlant de censure, atteintes à la liberté d'expression et autres bâillonnements de l'information, ils feraient mieux de se battre pour que le citoyen soit en capacité de recevoir une information la meilleure et la plus neutre possible par le biais d'un vrai service public citoyen de l'information qui coexisterait avec toute la presse d'opinion et tous les réseaux sociaux. Ce ne serait pas la solution ultime – qui n'existe sans doute pas – parce que nous sommes des êtres communicants et que nous vivons dans un monde d'hyper-communication où nous disons tout et n'importe quoi et où nous sommes sensibles au tout et n'importe quoi des autres, surtout où le mensonge à une fonction sociale importante... Néanmoins, ce serait une avancée salutaire pour la démocratie républicaine.

«Vraie» information et valeurs

Pour nous forger nos propres valeurs, l'essentiel n'est pas, in fine, que l'information soit «vraie» (même si cela est important dans le cadre d'une vision du «monde réel»). En l'occurrence, et au-delà de la problématique d'un monde réel difficilement déterminable pour un être humain, la réaction devant cette information relatant des événements est de nous permettre de prendre position, de développer une opinion, de nous permettre d'élaborer des valeurs humanistes de référence.

Ainsi, devant un fait, vrai ou faux, arrangé ou relaté le plus objectivement possible, nous pouvons l'apprécier et réagir en nous bâtissant une opinion s'appuyant sur des valeurs. Si nous réagissons devant un massacre d'innocents vrai ou faux en affirmant que celui-ci est condamnable et qu'il ne doit pas être permis de commettre ce genre d'actes monstrueux, nous émettons une opinion, nous structurons nos valeurs.

Bien sûr, si ce massacre n'a jamais eu lieu, ceci pose le problème de la véracité de l'information que nous recevons et de la perception de la réalité. C'est évidemment extrêmement grave car nous pouvons émettre une opinion négative sur les pseudo-auteurs de ce massacre alors qu'ils n'ont rien à se reprocher. Néanmoins, cela n'aura pas d'influence sur le fait de dire qu'un massacre d'innocents est un acte abominable et donc condamnable.

Or donc, nous devons séparer ces deux perceptions. L'une – quelle que soit la réalité «vraie» -- nous donne une sorte de grille de lecture de la vie. L'autre nous permet de nous positionner face à d'autres ou à la réalité de la vie. Cette dernière est sans doute très importante mais ne peut transformer le fondement de nos valeurs parce que celles-ci, quelles que soient les événements, s'appliquent en dehors même de la survenance ou non de tel ou tel événement (voire de la réalité du moment), comme un système de références morales.

Reste que le problème de l'information du citoyen et des peuples demeure entier d'autant plus que, dans notre monde actuel, la surabondance de cette information crée l'illusion que nous pouvons tout savoir de la réalité alors que, souvent, nous en savons moins puisque des filtres toujours plus nombreux réécrivent la réalité consciemment ou inconsciemment. Ce qui pose des questions essentielles au milieu journalistique mais aussi à ceux des historiens et des sociologues.

La volonté d'imposer une certaine vérité

La volonté d'imposer une vérité est forte de la part de groupes et d'institutions de toute sorte mais aussi de personnalités qui font ou ont fait l'Histoire. Ainsi, pour ne parler que des plus célèbres «réécritures» de l'histoire, citons César qui a conçu son épopée pour en être le héros au mépris de la réalité historique et Napoléon qui a fait de même en prenant beaucoup de liberté avec les faits.

Le décryptage de la communication en général et de l'information qu'elle véhicule en particulier est une tâche sans répit parce que la communication émane de sources infinies et que l'information passe par de nombreux filtres qu'il faut essayer à chaque fois d'identifier, voire de démasquer, pour apprécier sa valeur et son utilité.

Croire l'information

Croire l'information à la fois dans le sens de croire ce que l'on apprend mais ensuite de croire ce que l'on croit savoir de cette information. Ce double niveau fait que nous interprétons une information déjà interprétée mais que nous devons ensuite croire à la nouvelle interprétation que nous lui donnons comme nous avons cru à l'interprétation venant de l'extérieur. Ainsi, au-delà de l'objectivité de l'information, c'est notre volonté de croire ou non une information qui nous fait l'accepter ou non. Et ici, si la raison agit, ce sont également les émotions. Souvent ces émotions sont le moteur principal de cette croyance, parfois même le seul.

L'information parfaite n'existe pas et n'existera jamais

L'information parfaite n'existe pas et n'existera jamais. Même si un fait pouvait être rapporté de la manière dont il s'est exactement déroulé en totale objectivité (ce qui est impossible), il n'en resterait pas moins que nous ne pourrions jamais sonder jusqu'à la vérité ultime, les raisons des protagonistes pour leurs agissements de même que toute leur histoire pour remonter toute la trame de leur présence en un tel lieu et de leurs actes. Et cela pour un simple fait. Alors quand il s'agit d'un événement complexe où de multiples faits se mélangent, se télescopent, s'agrègent, se contredisent les uns et les autres, etc. comment peut-il y avoir information «parfaite»?

Ainsi entre le fait raconté par un média et le citoyen, il y a plusieurs étapes. Il y a le fait brut. Il y a la compréhension du journaliste. Il y a la transcription de cette compréhension par écrit ou par des moyens audiovisuels. Il y a la compréhension du citoyen de cette transcription. Et de cette dernière compréhension naît une opinion. A chaque stade de ce flux médiatique du fait à l'opinion, un élément subjectif supplémentaire s'ajoute, s'agrège au fait lui-même indépendamment même de l'honnêteté et de la capacité professionnelle du médiateur, en l'occurrence le journaliste.

Le journaliste, technicien
de l'information du présent

L'historien est un technicien de l'information du passé tout comme le journaliste est un technicien de l'information du présent. Ce que l'on demande aux deux est de nous dire du mieux possible les faits en utilisant leurs techniques respectives, l'histoire et le journalisme.

En cela, ni l'Histoire, ni le journalisme ne sont porteurs d'un quelconque message et ni l'historien, ni le journaliste ne sont des messagers et ne sont chargé d'une autre mission que celle de nous informer afin que nous soyons au courant et que nous puissions être des individus qui, sachant, peuvent être plus libres et plus à même de prendre de bonnes décisions pour eux-mêmes et la communauté toute entière. Car c'est à chacun et à chacune, à chaque citoyen et à chaque citoyenne de tirer les leçons du passé et du présent pour élaborer son opinion et s'en servir dans son agir. Et toute communauté humaine, de la plus large (l'Humanité) à la plus petite d'en faire de même.

Dès lors, il est faux de prétendre que l'Histoire et le journalisme ne peuvent servir à nous position-ner dans le présent et nous aider à construire ce présent et l'avenir. Sinon, à quoi serviraient ces deux disciplines que certains voudraient réduire à soit à un rôle de récréation culturelle, soit à n'être que des disciplines dont les recherches seraient uniquement tournées sur elles-mêmes.

Ne pas confondre journalisme, médias et journalistes

La liberté d'opinion est un fondement indépassable de la démocratie républicaine libérale comme l'est sa conséquence, la liberté de la presse, c'est-à-dire le droit d'écrire et de dire ce que l'on pense dans des médias. La seule limite est le mensonge (celui qui ment sait qu'il ment), la haine et la diffamation qui ressortent des tribunaux.

Si le journalisme procède de la liberté de la presse dans un système démocratique, il n'est pas, pour autant un synonyme de celle-ci. Ainsi, le journalisme est une technique qui cherche à écrire et dire ce qu'est le réel (à défaut de dire la «vérité», terme galvaudé par ceux là même qui l'instrumentalise). Petite précision: déjà parvenir à transmettre correctement le réel est une tâche loin d'être aisée.

Le journalisme a comme principe l'honnêteté, c'est-à-dire de transmettre le plus honnêtement possible la réalité pour que celui qui en est le destinataire puisse s'informer et se faire sa propre opinion. Ainsi, le journalisme n'a pas pour but un prosélytisme quelconque, ni n'a la vocation de défendre une cause mais bien d'écrire et de dire ce qui est.

Quant aux médias, ils sont un véhicule de la liberté d'opinion et celui de la liberté de la presse mais ils ne se résument pas à ce rôle. En effet, un média donne de l'information et en retire une gratification (monétaire le plus souvent et ce, même dans le cas des médias de service public qui sont uniquement financés par une redevance obligatoire payés par les citoyens).

Un média est ainsi une entreprise commerciale. Et un média ne remplit pas forcément un rôle dans la liberté d'opinion et/ou la liberté de la presse, par exemple le secteur de la presse people à scandale ou celui du football. De même, pour avoir l'audience la plus large possible dans l'absolu et vis-à-vis de leurs concurrents directs, certains médias mettent en scène la réalité, voire l'inventent parfois. Précisons enfin qu'un média est évidemment libre de défendre une cause et d'être le porte-parole officiel d'une idéologie. Reste à savoir si les personnes qui participent activement dans ce média à la défense d'une cause ou d'une idéologie ont la qualité de journaliste.

Quant aux journalistes, théoriquement, ce sont des techniciens de l'information dont le but est, a priori, de mettre en forme le réel pour qu'il soit accessible aux citoyens avec le plus d'honnêteté possible et en tentant de ne pas polluer leur travail par une trop grande subjectivité. Bien évidemment, comme chacun peut le constater, tous les journalistes ne poursuivent pas ce but, notamment tous ceux qui travaillent dans une presse d'opinion qui privilégie, par essence la défense d'une vision idéologique avant la transmission de la réalité.

Tout ceci pour dire un fait simple: le journalisme, en tant que technique pour décrire et dire le réel est un bien commun de la démocratie républicaine et de ce fait, intouchable. Mais cet impératif, décrire le réel, ne se retrouve pas, et dans les médias (dont on a vu que certains n'avaient aucune mission d'information citoyenne), et chez les journalistes (dont on a vu que certains privilégiaient leurs opinions avant les faits ou travestissaient les faits en faveur de leur opinion).

Du coup, ni les médias, ni les journalistes ne sont des biens communs de la démocratie républicaine comme ils tentent de le faire croire. Les premiers sont seulement un véhicule qui transmet de l'information et les seconds que des techniciens qui la mettent en forme, tous avec leurs imperfections et leurs biais.

Ce que tentent de nous faire croire ceux qui instrumentalisent le journalisme, c'est qu'ils le font pour le bien de tous et en respectant les règles déontologiques. Rien n'est plus faux. Ils poursuivent un but partisan et idéologique avec un arrière-plan commercial (quand le commercial n'est que la seule motivation) et non d'informer honnêtement les citoyens.

Et si le journalisme est inattaquable parce que fondement de notre liberté, il ne peut en être le cas pour les médias et les journalistes dont les dérapages des uns et des autres ne peuvent passer par pertes et profits. On comprend bien que tous ceux qui utilisent le journalisme comme couverture ou tous les incapables du métier se retranchent systématiquement derrière celui-ci et sa qualité de bien commun pour tenter de justifier leurs actes et leurs fautes mais ils ne peuvent duper que ceux qui le veulent bien.

Alors, oui, il faut défendre les médias quand ils font bien leur travail et les journalistes quand ils font de même mais ils méritent des critiques justifiées quand ce n'est pas le cas. En conséquence, le seul qui doit être défendu toujours et sans une seule hésitation, c'est le journalisme. In fine, c'est bien les journalistes qui doivent se montrer digne du journalisme.

Pour un Musée Interactif
de la Communication et de l'Information

Sans information libre, pas de citoyen libre. Sans citoyen critique, pas de médias responsables. Sans médias responsables, pas d'information honnête. Sans communication libre, pas d'opinions diversifiées. Sans opinions diversifiées, pas de démocratie. C'est dire l'importance de l'information et de la communication libres pour l'existence d'une société démocratique. Encore faut-il que les citoyens puissent en connaître le fonctionnement et les maîtriser correctement.

La communication et l'information créent les conditions de l'existence réelle de la démocratie et les conditions du libre choix des citoyens en leur apportant les données et les références nécessaires à leur état de femmes et d'hommes libres. Encore faut-il que les citoyens soient capables de déchiffrer et décrypter les messages, qu'ils soient au courant de l'élaboration de la communication et de l'information, qu'ils connaissent le fonctionnement des médias. Si tel n'est pas le cas, grand est alors le risque que la communication et l'information – devenant principalement des objets de propagande ou d'aliénation – produisent les effets inverses d'une libération et d'une émancipation de la population.

Dès lors, le citoyen doit être capable de déjouer les pièges de notre société de communication, de reconnaître le vrai du faux, de pouvoir être un acteur actif du circuit de l'information et non un récepteur qui la subit. Ce sera la mission principale du MICI®, le Musée Interactif de la Communication et de l'Information.

Le MICI® est un projet citoyen dans toute la force de cette formule. Il veut, au moment où tout devient communication, permettre à tous, aux enfants comme aux adultes, de pouvoir comprendre la communication et l'information qui les entourent. Pour ce faire, le MICI® se veut un lieu unique de pédagogie mais aussi ludique d'une grande interactivité, utilisant toutes les technologies de l'information et en étant une vitrine du monde de la communication. Ainsi, il présentera les outils, il expliquera, il montrera mais, surtout, il fera participer les visiteurs en proposant des jeux, des exercices ludiques, des mises en situation virtuelles pour que les visiteurs puissent maîtriser cet environnement médiatique.

Mais cette mise en scène ne se fera pas au détriment des missions culturelle et pédagogique du MICI®.

Le MICI® sera le lieu privilégié, nécessaire, indispensable et rassembleur pour appréhender, comprendre, connaître et maîtriser les technologies de la communication et de l'information afin que chaque citoyen sache les utiliser sans les subir, les mettre en œuvre sans passivité. Le Musée permettra à chacun de pouvoir intégrer ces technologies afin de pouvoir les utiliser à bon escient.

Le MICI® sera un des lieux d'explications de notre histoire démocratique mais, surtout, un des lieux indispensables pour comprendre notre société d'aujourd'hui et de demain, comprendre les enjeux actuels et ceux qui nous attendent ainsi qu'acquérir les connaissances pour s'affirmer comme citoyenne et citoyen à part entière de la République présente et future.

Appendices

La presse aura-t-elle une nouvelle fois la peau d'Hillary?
(mercredi 9 mars 2016)

La courte défaite d'Hillary Clinton – mais emblématique de ses difficultés avec les ouvriers et les employés blancs – dans la primaire du Michigan face à Bernie Sanders qui partait avec 30 points de retard il y a quelques semaines pose à nouveau la question de savoir si la couverture médiatique de la candidate démocrate est honnête. Ses électeurs doivent avoir en effet les oreilles qui sifflent à chaque fois qu'ils écoutent la radio et les yeux qui brûlent quand ils regardent la télévision, consultent internet ou lisent la presse. Et ce n'est pas qu'une impression partisane.

Il est bien difficile en effet de trouver des journalistes qui disent du bien de leur chère Hillary ou, tout simplement, qui n'en disent pas du mal! On le sait, Clinton est détestée par la presse depuis son passage à la Maison blanche, lorsqu'elle était la première dame entre 1992 et 2000. Cela s'est confirmé en 2007-2008 où les médias ont joué un rôle de premier plan dans sa défaite face à Barack Obama lors des primaires démocrates alors qu'elle était la grandissime favorite dans les sondages.

Bien évidemment, elle n'est pas exempte de reproches dans la conduite de ses campagnes, dans ses relations avec les journalistes et dans ses difficultés d'image avec le grand public. Néanmoins, elle est l'objet depuis plus de vingt ans de constantes insinuations, d'attaques sans fondement et d'enquêtes uniquement à charge de la part du monde médiatique où on a souvent l'impression qu'une sorte de concours oppose les journalistes sur celui ou celle qui la fera enfin tomber définitivement. Et la campagne des primaires démocrates met cette attitude en lumière une nouvelle fois sans conteste.

Ainsi, si la plupart des journalistes politiques américains demeurent des anti-clintoniens purs et durs, les voilà qui sont devenus soudainement des socialistes, présentant Bernie Sanders de manière outrageusement favorable afin de le présenter en alternative crédible à Hillary Clinton. Après avoir été Obamistes en 2008 sans même connaître le futur président des Etats-Unis quelques mois auparavant, les voilà tout aussi

Sandériens sans plus de logique que d'être contre Clinton.

Le plus problématique déontologiquement parlant est que ses opposants ne reçoivent pas le même traitement. Cet «Hillary bashing» fort connu est tellement caricatural que des hommes comme Donald Trump ou Ted Cruz obtiennent des couvertures médiatiques bien plus positives que l'ancienne secrétaire d'Etat de Barack Obama. Et ce malgré leurs mensonges et leurs casseroles multiples (comme les faillites à répétition de Trump) qui sont certes évoqués mais sans l'outrance qui frappe Clinton et ses «affaires» qui sont souvent d'un degré infime par rapport aux leurs comme, par exemple, le problème des e-mails lorsqu'elle était au gouvernement ou ses discours auprès des banques.

Un des cas les plus emblématiques du comportement malhonnête des médias américains à l'encontre d'Hillary Clinton est l'utilisation du comportement de Bill Clinton vis-à-vis de la gente féminine qui lui est directement reproché comme si elle avait été sa complice... C'est en premier lieu l'infidélité de Bill Clinton et, évidemment, l'affaire Monica Lewinsky, cette stagiaire de la Maison blanche avec qui il avait eu des relations sexuelles et qui avait failli lui coûter sa présidence (non pas pour ces frasques mais parce qu'il avait alors menti au peuple américain sur cette relation). Ainsi, de victime, elle est devenue accusée, soi-disant selon certains journalistes ou certains de ses adversaires complaisamment interviewés, parce qu'elle n'aurait pas assez condamné le comportement de son mari!

Les attaques très en-dessous de la ceinture à ce propos sont venues de Donald Trump, l'homme qui insulte les femmes en direct à la télévision, qui a été marié trois fois et dont une de ses épouses l'a accusé de viol avant de se rétracter. Alors qu'elles auraient du être mises en comparaison de ses comportements pour le moins machistes, elles ont été reprises abondamment par les journalistes, toujours friands de tout ce qui peut abaisser la centriste. Ce fut par exemple, le cas du chef du service politique de NBC, Chuck Todd, qui s'est fait une spécialité de chercher tout ce qui peut compromettre Hillary Clinton, et qui monta en épingle cette histoire en affirmant sans aucune preuve que cette affaire faisait trembler toute l'équipe de la candidate à la candidature démocrate, sous-entendu cela pourrait détruire sa candidature. On pourrait en rire s'il ne s'agissait pas de professionnels des médias et du choix du prochain président de la première puissance mondiale.

Que Donald Trump tombe dans ces attaques nauséabondes, quoi de plus normal, c'est ce qu'il fait depuis qu'il a annoncé sa candidature. Que les médias commencent à le suivre tout en le critiquant – comportement bien connu de ceux qui propagent des ragots tout en s'en désolidarisant pour se réclamer irresponsable de leurs dénonciations! –, voilà bien qui prouve la recherche constante de sensationnalisme d'une partie des journalistes et, d'une certaine manière, une victoire pour Trump et sa stratégie de salir tout le monde, de ses concurrents républicains au camp démocrate. Le populisme et la démagogie, ça fait vendre depuis toujours avec un public qui se bouche le nez mais qui regarde et écoute avec délectation.

A noter que la presse française suit l'exemple des médias américains du «tout sauf Hillary». Même si cela se passe à plusieurs milliers de kilomètres, la présidentielle américaine passionne la France et permet à ses médias de jouer la présidentielle de 2017 avant l'heure. A gauche, de Libération au Monde en passant par Le Nouvel Obs, on défend Sanders, le socialiste. A droite, du Figaro à Valeurs actuelles, déstabilisés par Trump, les médias commencent à lui trouver des qualités même s'ils sont encore hésitants et qu'ils auraient bien vu Rubio qui devient de moins en moins une alternative sérieuse au promoteur newyorkais après ses nouvelles défaites du deuxième «super Tuesday» (reste Ted Cruz, l'homme de l'extrême-droite). Mais, que ce soit la presse de gauche ou celle de droite, il y a un ennemi à abattre, la centriste Hillary Clinton. Elle est de droite pour la presse de gauche et de gauche, voire d'«extrême-gauche» (sic) selon un récent article du Figaro, pour la presse de droite.

Pour conclure, ce n'est pas tant de parler des problèmes d'Hillary Clinton, réels ou supposés, qui est répréhensible, que d'en parler à tout bout de champ et de le faire uniquement à charge. Mais il est vrai qu'en se présentant en centriste, la candidate Clinton attise les haines – et ici ce n'est pas un mot trop fort – aussi bien à droite qu'à gauche. Une situation que connaissent souvent les candidats centristes à travers le monde.

La scandaleuse équation Clinton = Trump
(samedi 7 mai 2016)

Donald Trump sera donc le candidat du Parti républicain. Et si la logique est respectée, il devrait
être opposé le 8 novembre prochain à Hillary
Clinton qui a toutes les chances de remporter la
primaire démocrate face à Bernie Sanders. Au vu
de qui est Trump, de ses propos injurieux envers
tous ceux qu'il hait – et ça en fait du monde –, de
son inculture tant en matière politique, économique ou dans le domaine des enjeux de la planète, on pouvait supposer que les médias américains, qui portent une très lourde responsabilité
dans la montée en puissance du démagogue populiste – un peu comme les médias français ont
«fait» le clan Le Pen – allaient rectifier le tir et,
surtout, se placer derrière Hillary Clinton, la seule
candidate clairement en faveur de la défense de
la démocratie républicaine, libérale et représentative. Pour continuer le parallèle avec la France,

on ne peut imaginer une seule seconde que ses médias, si Marine Le Pen est au second tour de la présidentielle en 2017, ne s'unissent pas autour du candidat démocrate et républicain qui sera face à elle, qu'il se nomme Juppé, Sarkozy, Hollande, Le Maire ou d'un autre nom.

Et bien pas du tout! Dans l'optique d'un duel Trump-Clinton, voilà que ressort immédiatement la grosse artillerie anti-Clinton dans la plupart des médias américains qui continuent, en parallèle, à faire une couverture sans précédent de tous les faits et gestes du promoteur newyorkais, lui offrant des milliards de dollars de publicité politique gratuite, un comble pour un milliardaire. Nettement plus grave, ces mêmes médias salivent déjà à l'empoignade qui va avoir lieu, parlant d'un combat «nasty», c'est-à-dire sale et méchant avec une envie souvent écœurante.

Mais ce n'est pas le plus scandaleux... Car voilà qu'une improbable équation a été posée par nombre de journalistes et d'experts, soi-disant indépendants (on ne parle pas bien sûr de ceux qui sont publiquement engagés politiquement), comme quoi Hillary Clinton = Donald Trump. Oh, évidemment, il ne s'agit pas de dire que leurs programmes ou leurs dires sont les mêmes. Mais cela signifie que, selon les promoteurs de cette équation, la personnalité et le comportement des deux se ressemblent beaucoup. Sur quoi se base une telle comparaison? Sur pas grand-chose en réalité sauf sur les attaques sans fondement que subit Hillary Clinton depuis des années à propos de sa malhonnêteté, son caractère exécrable, sa volonté de dissimulation et ses secrets inavouables.

Récapitulons. Sur son honnêteté, il convient de rappeler qu'elle n'a jamais été condamnée et que les innombrables enquêtes journalistiques et les ouvrages à charge n'ont jamais réussi à prouver des agissements malhonnêtes. Sur son caractère, le plus gros reproche qui lui est fait c'est qu'elle agit comme... un homme! Imaginons qu'elle agisse comme une «faible femme» et l'on est sûr que les mêmes contempteurs seraient les premiers à le lui reprocher, estimant qu'elle n'aurait pas les qualités pour être la présidente de la première puissance du monde et la «commander in chief» de la première armée de la planète. Sur sa dissimulation, les critiques viennent des journalistes qui détestent les personnalités publiques qui ne veulent pas se livrer à eux sans réserve, comme l'extraverti Donald Trump, ou qui ne veulent pas les séduire, un peu comme le charmeur Barack Obama. De la viennent d'ailleurs les accusations sur ses secrets inavouables dont, bien sûr, les enquêtes journalistiques et les ouvrages à charges n'ont jamais apporté la moindre preuve qu'il en existait.

Un exemple parmi d'autres dans l'acharnement dont elle est la victime est fourni par cette affaire des emails lorsqu'elle était à la tête du département d'Etat. On lui reproche d'avoir gardé une boîte aux lettres électronique personnelle qui aurait pu permettre à des hackers malveillants, voire à des puissances étrangères, de prendre connaissance de secrets d'Etat. Or, tel n'a pas été le cas et les juristes les plus sérieux disent et redisent qu'il n'y a aucune preuve de son irresponsabilité pour pouvoir l'attaquer en justice. Pire, au fur et à mesure des épisodes de ce feuilleton médiatico-politique sans fin, on apprend que moult hauts responsables ont fait exactement comme elle, avant elle et en même temps qu'elle, comme les anciens secrétaires d'Etat républicains Colin Powell et Condoleeza Rice. Mais cela ne semble pas émouvoir les médias qui, dès qu'ils le peuvent, ressortent cette histoire pour fragiliser la candidate.

En face, on trouve, comme on l'a dit, un Donald Trump qui ment neuf fois sur dix selon les statistiques des sites spécialisés dans l'analyse des propos politiques, qui insulte et qui dit des énormités tout en flattant les pires instincts humains auprès de foules qui veulent leur revanche sur tout et n'importe quoi ou qui. Comment peut-on, dès lors, oser dire ou écrire que Trump et Clinton sont des personnages qui se ressemblent? D'autant qu'en l'affirmant, on dédiabolise Trump, on le rend respectable et donc légitime à être élu. Si jamais c'était le cas au soir du 8 novembre, on pourra faire le constat, avec Barack Obama, qu'il doit une fière chandelle aux médias, non seulement pour l'avoir couvert outre-mesure mais pour avoir affirmé qu'Hillary Clinton lui ressemblait.

A noter, par ailleurs, qu'en France, toute la droite radicale et extrême se trouve soudainement décomplexée par les succès de Donald Trump. Si l'on est guère étonné que le Front national apporte son soutien, voire voue une grande admiration à Trump, on est néanmoins surpris qu'une certaine droite qui jusqu'à présent avait joué profil bas dans ses accointances avec le parti des Le Pen, grâce à un événement qui se déroule à plusieurs milliers de kilomètres, puisse montrer sans gêne aucune ses proximités avec toute la logorrhée populiste et démagogique du promoteur newyorkais. Ainsi, par exemple, dans les colonnes du Figaro, les correspondants aux Etats-Unis du quotidien commencent à trouver nombre de qualités à Trump, tout en s'en prenant constamment à Hillary Clinton, la représentant en candidate d'extrême-gauche et en reprenant à leur compte toutes les accusations sur sa malhonnêteté.

Sans parler des «experts» en tout genre des Etats-Unis qui viennent faire du «Hillary bashing» et de la propagande pro-Trump. Récemment, un de ceux-ci est venu affirmer que les sondages avaient tourné en faveur de Trump en sortant le seul, parmi des dizaines et des dizaines, qui lui ait jamais donné une avance dans les intentions de vote! Bien entendu, ce fait a été omis dans l'article ainsi que le fait que l'institut de sondage, Rasmussen, favorisait systématiquement les candidats républicains. Rasmussen, rappelons-le, s'était fait connaitre en étant le seul institut à publier des sondages négatifs sur Obamacare, la loi sur l'assurance santé honnie par les républicains, au moment où tous ses confrères montraient justement dans les leurs que les Américains pensaient le contraire...

Pour finir, le plus important, désormais, n'est pas que l'on aime ou que l'on n'aime pas Hillary Clinton, c'est qu'il n'est pas imaginable pour ceux qui sont attachés à la démocratie républicaine, de voir un Donald Trump à la Maison blanche, comme il n'est pas concevable de voir une Marine Le Pen à l'Elysée. C'est aussi simple que cela.

La démocratie face à la relation malsaine
entre Trump et les médias
(mardi 16 août 2016)

Après avoir clairement expliqué que les centristes Barack Obama et Hillary Clinton étaient les co-fondateurs de Daesh – il a même affirmé qu'il ne s'agissait pas d'une métaphore mais de la réalité –, Donald Trump est revenu en arrière, comme souvent, pour dire que ce n'était que sarcasmes et que les médias étaient bien stupides de croire sérieusement ce qu'il disait. Et le pire, c'est qu'il n'a pas tout à fait tort!

Le Trump public est un personnage issu directement des médias qui l'ont fait, qui l'ont promu et qui en ont tiré avantages et profits depuis des décennies. Star du système de téléréalité et de l'entertainement, lorsqu'il s'est présenté à la présidentielle, dès son annonce en juin 2015 (et depuis longtemps de la rubrique «people»), les médias ont donc «naturellement» déversé une masse énorme d'articles, de reportages et d'enquêtes qui n'a cessé de croître lorsque le promoteur newyorkais a commencé à recevoir un écho positif de sa candidature dans les sondages.

Grâce à cette couverture, souvent indigne de par son ampleur mais aussi à l'époque par sa mansuétude face à des propos déjà scandaleux, certaines organisations ont estimé que rien que pour l'année 2015, il avait pu économiser deux milliards de dollars pour la promotion de sa campagne et de ses «idées». Ce qui ne l'a pas empêché de se plaindre constamment des journalistes, de cracher sur eux (comme sur Megyn Kelly de Fox news), de se moquer d'eux (notamment de l'un d'entre eux du New York Times, handicapé), de retirer à certains leurs accréditations, et de monter ses fans contre eux lors de ses meetings avec, à la clé, injures et menaces de ses derniers lorsqu'ils passent devant l'espace réservé à la presse.

Néanmoins, dans un premier temps, les médias n'ont pas réagi, se sont laissés trainer dans la boue et ont continué à lui donner largement la parole sans trop mettre en doute ses thèses abracadabrantes et dénoncer ses attaques inqualifiables. Il a fallu que le populiste démagogue dépasse vraiment les bornes pour qu'ils réagissent et commencent à aller au fond des choses et à dénoncer des propos irresponsables, mensongers et dangereux pour la démocratie. Ce qui a évidemment permis à Donald Trump de les insulter encore plus et de les dénoncer comme des organisations qui veulent sa perte et qui sont en train de truquer l'élection, sans évidemment en apporter la moindre preuve. Une attitude qui est sûre de donner des résultats vu le peu de confiance des américains dans la presse – comme c'est le cas de l'ensemble des populations des démocraties – en particulier de la base populaire du Parti républicain.

De ce point de vue, pour nous Français, Trump utilise les mêmes vielles recettes poujadistes de la famille Le Pen: dire n'importe quoi et ensuite se plaindre quand la presse s'en fait un écho critique. Mais il ne faudrait pas oublier que les relations particulières entre les médias et le Parti républicain ne datent pas de l'entrée dans l'arène politique de Donald Trump. Qualifiés de «liberals» (de gauche) par les républicains, les médias ont toujours été accusés par ces derniers de pencher systématiquement en faveur du Parti démocrate. D'autant que les grands organes de presse se trouvent dans les villes, notamment de la côte Est et de la côte Ouest, c'est-à-dire dans des zones où l'ouverture d'esprit est nettement plus grande que dans le Midwest et où, généralement, les démocrates sont mieux implantés que les républicains (même si New York et la Californie ont compté nombre de gouverneurs républicains, par exemple).

La création de Fox news, télévision conservatrice d'information en continue, était une entreprise du camp républicain, autour de Rupert Murdoch et de Roger Ailes, de donner à la Droite un organe de presse puissant pour contrecarrer cette soi-disant influence de la Gauche.

La dérive de la chaîne qui est souvent plus de droite radicale voire d'extrême-droite que de droite tout court est allée de pair avec une radica-lisation du Parti républicain qui a, dans le même temps, tenté auprès des médias une forte propa-gande afin de déplacer le Centre vers la Droite avec un certain succès afin de diaboliser les dé-mocrates comme de dangereux gauchistes (comme ça été le cas pour Obama), alors même que depuis 1990, ces derniers se sont largement recentrés avec une aile gauche minoritaire même si elle a repris un peu de poil de la bête lors de la primaire avec la présence de Bernie Sanders (dont le positionnement socialiste fait d'ailleurs qu'il n'est pas membre du Parti démocrate).

Même si, aujourd'hui, les médias ne sont plus tout à fait dupes et ont compris que le Parti répu-blicain avait fait un virage à droite, voire très à droite, il n'en reste pas moins vrai que, lors des primaires, ils se sont mis à chercher le candidat «centriste» qui pourrait s'opposer au populiste Trump et à l'idéologue radical Cruz. Et ils ont pensé le trouver en John Kasich, le gouverneur de l'Ohio, qui est pourtant un reaganien de tou-jours et qui le revendique haut et fort, c'est-à-dire un conservateur de droite qui n'a presque rien à voire avec le Centre...

Dès lors, le Parti républicain est devenu une force plus proche de l'ultra-conservatisme que d'un quelconque centre-droit même s'il reste quelques personnalités modérées en son sein mais qui font profil bas, voire qui, comme le sénateur de l'Arizona, John Mc Cain, ont épousé beaucoup de thèses du Tea party (organisation proche de l'extrême-droite républicaine) pour se faire réélire. Ce tournant républicain a permis à toute une catégorie de gens revanchards, haineux et adeptes des théories du complot de rejoindre les rangs du parti et, pour certains, de devenir gouverneurs, sénateurs ou représentants. Cette libération de la parole populiste et démagogique ainsi que le rejet du politiquement correct (qu'a dénoncé de manière pathétique Clint Eastwood en apportant son soutien à Trump) datent d'il y a une dizaine d'années. Pour beaucoup d'observateurs, ce tournant serait en très grande partie à l'origine du phénomène Trump.

Ainsi, quand le Tea party s'est mis à insulter Barack Obama, dès la création du mouvement, courant 2009 – en le traitant, au choix, de Staline, d'Hitler ou du joker de Batman –, les républicains n'ont pas bronché et ne l'ont pas condamné, certains les relayant même. Quand il a prétendu qu'il était un musulman kenyan né en Indonésie et donc inéligible en tant que président des Etats-Unis, les républicains n'ont pas bronché et ne l'ont pas condamné, certains relayant même l'allégation. Quand il a affirmé que la loi sur l'assurance santé contenait l'euthanasie des personnes âgées, les républicains n'ont pas bronché et ne l'ont pas condamné, certains, comme Sarah Palin, en faisant un cheval de bataille. Et au fil du temps, ce sont l'ensemble des républicains qui ont repris ces allégations. Ils avaient déjà commencé avec Bill Clinton en 1994 avec un personnage assez trouble, Newt Gingrich, alors speaker (président) de la Chambre des représentants et aujourd'hui, un des principaux soutiens de… Trump! La boucle est bouclée.

Pour en revenir au candidat républicain et à sa relation avec les médias, Donald Trump a pensé, au départ, pouvoir les utiliser et les manipuler tout en les insultant, lui l'homme le plus intelligent du monde selon ses propres dires. Et, il faut bien l'avouer, cette stratégie a donné de très bons résultats pendant un certain temps, d'autant que les journalistes américains ont peu de sympathie pour Hillary Clinton et que beaucoup ont eu des yeux de Chimène pour un autre populiste, Bernie Sanders.

Néanmoins, les dérapages de plus en plus nombreux et scabreux voire inadmissibles du promoteur newyorkais ont réveillé les médias qui se sont rappelés qu'en démocratie, au-delà de leur «impartialité» et de la nécessité de remplir les caisses pour exister et payer les actionnaires, il y avait une mission d'information et, pour certains, de défense de la démocratie et de la liberté. Mais il ne faut pas croire que ces médias se sont, tout d'un coup, rués comme à la curée sur le pauvre Donald pour l'abattre. Et il ne faut pas croire que cette soudaine lucidité sur cette candidature, sorte d'excroissance purulente de la démocratie, voire enfant naturel de la médiocratie et de la médiacratie, est unanime, à la fois dans tous les médias et à chaque instant.

Bien sûr, le grand quotidien conservateur, Wall Street Journal, propriété de Murdoch, vient de lancer un ultimatum à Trump en l'enjoignant de changer ou de se retirer de la course à la présidence. Cependant, il suffirait que le candidat républicain parvienne à se maîtriser quelques semaines (ce dont il s'est montré incapable jusqu'à présent) pour que les médias redeviennent bienveillants envers lui. En tout cas, actuellement, c'est une charge contre Trump après ses déclarations incendiaires contre les journalistes, comme en témoigne, parmi des milliers et des milliers d'exemples, l'article de Zeke Miller du magazine Time:

« Après trois semaines malheureuses pour sa campagne, Donald Trump s'est déchaîné violemment contre la presse dimanche dans une série de tweets, accusant la perception biaisée des médias à son encontre d'être responsable de sa chute dans les sondages. Par exemple, Trump a affirmé qu'il aurait vingt points de plus qu'Hillary Clinton 'si les médias dégoûtants et corrompus me couvraient honnêtement et ne mettaient pas de fausses significations dans les mots que je dis'. Pendant ce temps, ses conseillers ont fait le tour des émissions politiques du dimanche matin pour relayer ce thème. La tactique de Trump de blâmer la presse n'est pas nouvelle, particulièrement pour lui, mais elle marque sa dernière tentative pour délégitimer des institutions publiques, qui dans ce cas, ont commis le péché mortel de le citer directement. Trump cherche des cibles faciles pour se défausser de la responsabilité de sa campagne chancelante, la vraie responsabilité se trouve chez le candidat, qui a piétiné son propre message maintes et maintes fois».

Pourtant, ce serait être un ingénu crédule que de croire que les médias ont fait définitivement leur mea culpa envers Trump. Car, quelques jours seulement avant cette nouvelle passe d'arme entre ce dernier et les journalistes, le ton était tout autre. Par exemple, il est ainsi inadmissible de lire, sous la plume du même Zeke Miller qu'Hillary Clinton est «ennuyante» quand elle ne s'attaque pas à Trump. Penser qu'une campagne présidentielle doit être un match de catch où l'on s'insulte allègrement pour être intéressante est pathétique. De son côté, Kate Bolduan, qui anime tous les jours une émission sur la présidentielle sur CNN, a osé mettre en parallèle les mensonges de Trump et le discours de Clinton en affirmant qu'ils étaient de la même trempe. La même CNN qui a retransmis l'intégralité d'un discours de Trump proférant des attaques mensongères et grossières sur Hillary Clinton alors que ça n'a pas été le cas de celui de celle-ci, le même jour, qui, lui, contenait un vrai programme économique. Sans doute moins intéressant pour un taux d'audience même si plus important pour le débat démocratique... Sans parler de Maggie Harberman du New York Times qui a pu titrer son article sur le «bon jour» de Trump grâce à un discours de mensonges, d'insultes et de vide programmatique et de substance, tout simplement parce qu'il s'en prenait avec hargne à Hillary Clinton. Voilà souvent le degré zéro du journalisme.

Car il n'était pas et n'est toujours pas possible d'écouter Trump débiter ses mensonges sans les pointer, ce que les médias ont fait épisodiquement jusqu'à présent, passant immédiatement à autre chose comme si les diatribes du promoteur newyorkais faisaient partie d'une campagne électorale normale et n'étaient que des épiphénomènes qui devaient être oubliés dès qu'elles sont proférées. Bien entendu, cela ressort de l'information 24h sur 24 qu'ont inventée les chaînes de télévision et les stations de radio d'information en continu puis internet. Dans ce cadre, tout est éphémère, tout est un événement, tout est information, tout est spectacle, tout est taux d'audience au mépris même du devoir d'information des journalistes dans une démocratie républicaine. Car l'information n'est pas un produit comme un autre et ne doit jamais le devenir. Espérons, malgré tout, que les médias ont compris que Trump était également un danger pour eux, lui qui a expliqué que la liberté de presse devrait être nettement plus encadrée pour empêcher les «mensonges» comme ceux dont il estime être victime et qui ne sont que la transcription de ses propres dires…

Clinton attaquée par des médias
très indulgents avec Trump
(mercredi 14 septembre 2016)

Ses propos sur les supporteurs de Trump dont beaucoup seraient, selon elle, des personnes déplorables (ce qui est vrai) et sa pneumonie, dont elle n'avait pas parlé (et on voit pourquoi avec les réactions des journalistes), ont valu à Hillary Clinton des attaques virulentes de beaucoup de médias qui lui reprochent d'avoir insulté les électeurs du candidat républicain et d'avoir caché la vérité sur sa maladie. Pendant ce temps, Trump peut continuer à cacher son réel état de santé (le seul communiqué publié avait été écrit par son équipe de campagne et signé par son médecin personnel sans qui l'ait vu avec des termes emphatiques qui n'avaient rien à voir avec la médecine), ses revenus (le premier candidat à la présidentielle à le faire depuis 40 ans), à insulter tout ce qui se présente devant lui et qui n'est pas à sa dévotion, les médias ne semblent plus tellement intéressés à dénoncer ses pratiques dangereuses pour la démocratie.

Un des derniers exemples en date de cette politique du «double-standard» a été donné par le journaliste Matt Lauer de la chaîne NBC lors d'un événement organisé par une association d'anciens combattants à New York où les deux candidats répondaient, séparément, à des questions. Alors qu'il s'est acharné sur Clinton à propos de ses e-mails, il a refusé de contredire Trump lorsque celui-ci a affirmé de manière mensongère qu'il n'avait jamais soutenu la guerre en Irak de Bush alors que toutes les preuves ont été publiées depuis longtemps.

Un scandale qui se déroule tous les jours dans les médias américains pour faire principalement du taux d'audience en présentant cette campagne comme un règlement de compte entre Clinton et Trump. Il est ainsi inadmissible de lire, journalistiquement parlant, sous la plume de Zeke Miller du magazine Time qu'Hillary Clinton est «ennuyante» quand elle ne s'attaque pas à Trump. Penser qu'une campagne présidentielle doit être un match de catch où l'on s'insulte allègrement pour être intéressante est pathétique. Voilà le degré zéro du journalisme dont beaucoup de journalistes se rendent complices tous les jours.

Car il n'est pas possible d'écouter Trump débiter ses mensonges sans les pointer, ce que les médias font épisodiquement puis passent à autre chose comme si les diatribes du promoteur ne-wyorkais faisaient partie d'une campagne électo-rale normale et n'étaient que des épiphénomènes qui devaient être oubliés dès qu'elles sont profé-rées. Il suffit de lire l'éditorial du journaliste poli-tique respecté David Remnick dans le magazine New Yorker dont il est le rédacteur en chef pour prendre la mesure du problème (*le lire ci-dessous).

Cela ne signifie pas que les médias aiment Trump ou le trouvent crédible, voire capable d'être président, loin de là. Ce serait même plutôt le contraire. Alors, pourquoi risquer de faire élire un populiste démagogue pathologiquement men-teur en s'en prenant violemment et constamment à la candidate démocrate? Par antipathie... Car ces attaques contre Clinton et la mansuétude envers Trump sont encore une fois la démonstra-tion de cette volonté des médias de régler les comptes avec Clinton. Une volonté qui remonte à plus de vingt ans quand elle était la première dame des Etats-Unis et qu'ils s'estimaient «mal-traités» par elle sans que les preuves existent de ce comportement inamical de sa part et qu'ils ne supportaient pas le fait qu'elle veuille faire de la politique quand elle aurait du être la potiche à côté de son mari.

Cette hostilité avait resurgi de manière particuliè-rement forte et indigne de professionnels de l'information en 2008 lors de la primaire démocrate. Nombre de personnes, dont de nombreuses qui n'étaient pas de son camp, notamment de l'équipe de campagne d'Obama d'alors, s'étaient émus à l'époque et a posteriori, de la grossièreté et de la méchanceté de la presse son égard dont beaucoup avait à voir avec de la misogynie de bas étage, de ragots et d'insinuations médisantes qui n'avaient rien à voir avec sa candidature. Celle-ci s'est bien évidemment réveillée en 2015 lorsqu'elle a annoncé sa candidature pour la présidentielle de cette année.

Cette animosité médiatique se renforce par une autre tendance notée dans les démocraties, le désir de changement des journalistes. Une présidence Clinton serait, selon les médias, la continuation de la présidence Obama. Pas très glamour et nouveau même si cela permettait d'avoir la première présidente du pays d'autant que Clinton est dans la sphère publique depuis les années 1970. En revanche, une présidence Trump, voilà qui serait de la nouveauté (sic!).

Pourtant des journalistes courageux dans des médias lucides ont dénoncé les partis-pris, les manquements à la déontologie journalistique de base et les comportements scandaleux de leurs confrères et ils sont de plus en plus nombreux. Mais cela ne change pas grand-chose, tellement l'irresponsabilité et l'hubris (mélangés souvent avec de l'incompétence) des journalistes sont puissants aux Etats-Unis. Et, ajoutons immédiatement que, quand on voit la couverture médiatique de l'élection américaine en France, on se dit que ce mal ne touche pas cette profession qu'outre-Atlantique…

Tout ce que l'on peut espérer maintenant, c'est que le cirque médiatique fasse place à une réelle information et que les trois débats entre Clinton et Trump ainsi que celui de leurs colistiers respectifs, Kaine et Pence, remettent la politique au premier plan et les projets des deux candidats – si tant est que Trump en ait un de construit – pour que les Américains choisissent en toute connaissance de cause.

Ce serait la honte des médias et des journalistes si leur acharnement contre Clinton et leur recherche obsessionnelle du taux d'audience ainsi que de la nouveauté parce que ça ce vend mieux et, donc, d'un parti-pris, d'un biais dans le traitement des deux candidats et de la création d'événements à partir de faits sans grandes importances pour contenter des citoyens plutôt vus comme des clients consommant de l'information, faisaient élire un homme dangereux comme Trump à la Maison blanche.

Alexis de Tocqueville expliquait que les dangers réels de la liberté de la presse n'étaient pourtant rien face aux bienfaits qu'elle apportait dans une société. Il avait raison à son époque même si tout n'était déjà pas rose dans le monde de l'information. Cependant, il oubliait que cette information quand elle touche des domaines comme la politique, l'économique ou le sociétal n'est pas un bien comme un autre dans une démocratie républicaine où c'est le peuple qui choisit ses dirigeants. Elle est une des pierres angulaires du système pour que celui-ci fonctionne correctement et que les choix des citoyens soient effectués en complète responsabilité et en toute connaissance de cause.

Non seulement on en est loin dans beaucoup de pays mais le pire est que l'on s'éloigne de l'objectif plutôt que l'on s'en rapproche, notamment depuis l'apparition des chaines d'information en continue et le web. Et la couverture médiatique de cette élection présidentielle américaine en est une des preuves et peut-être, malheureusement, l'exemple de ce qui va se passer dans les années qui viennent un peu partout dans les nations démocratiques.

(*) *Editorial de David Remnick dans le New Yorker du 2 septembre 2016*

Ces dernières semaines, nos journalistes et contrôleurs de l'exactitude des faits (fact-checkers) ont travaillé sur une série de reportages concernant l'échelle et la profondeur des mensonges de Donald Trump.

Les présidents et leurs mensonges se finissent bien trop souvent en désillusion, en procès ou dans le sang. Lister les plus grands succès des mensonges fabriqués par le Bureau Ovale fait frissonner face au culot effronté de leurs orateurs: «La première bombe atomique a été larguée sur Hiroshima, une base militaire. C'était parce que nous avons voulu lors de cette première attaque éviter, dans la mesure où possible, la mort de civils.» (Truman)

«Je ne suis pas un escroc.» (Nixon)

«Malgré les histoires largement spéculatives et fausses concernant l'échange d'armes contre des otages et de présumés paiements de rançon, nous n'avons pas – je le répète, n'avons pas – échangé des armes ou quoi que ce soit d'autre pour des otages. Ni nous le ferons.» (Reagan)

«Lisez sur mes lèvres. Aucun nouvel impôt.» (George H Bush)

«Je veux que vous m'écoutiez. Je vais dire ceci de nouveau. Je n'ai jamais eu de rapports sexuels avec cette femme, mademoiselle Lewinsky.» (Bill Clinton)

«Nous avons trouvé les armes de destruction massive. Nous avons trouvé des laboratoires biologiques.» (George W Bush)

Aucun Président n'a pas menti, même Lincoln. L'honnête Abe a dit, «je n'ai aucun but, direct ou indirect, à me confronter à l'institution de l'esclavage dans les Etats où il existe. Je crois que je n'ai aucun droit de faire ainsi et je n'ai aucune inclination de le faire.»

Mais parfois il y a vraiment quelque chose de nouveau sous le soleil politique. Donald Trump, le

171

candidat républicain à la présidentielle, ne lutte pas tellement avec la vérité, il l'étrangle. Il ment pour éviter. Il ment pour enflammer. Il ment pour se promouvoir et se pavaner. Parfois il semble mentir juste pour le plaisir. Il trafique dans les théories du complot qu'il ne doit probablement pas croire et dans des promesses grotesques qu'il ne pourra pas tenir. Quand il est découvert, il change de sujet – ou ment encore plus.

Nous ne sommes pas les seuls à remarquer cette caractéristique de Trump. Cela a été la préoccupation centrale d'une grande partie du journalisme décent produit l'année passée. La capacité de Trump pour mentir inspire, à part égale, crainte et dégoût. Même les journalistes élevé dans l'ère de Nixon ne peuvent pas être autre chose qu'impressionnés. La comptabilité est révélatrice mais exige une mise à jour quotidienne. Des sites vérifiant la véracité des propos comme Politifact se sont concentrés sur la question comme beaucoup d'excellents journalistes du Washington Post et New York Times.

Trump, lui-même, est parfaitement conscient de ses comportements en la matière. Dans «L"Art de l'Accord», un livre qu'il prétend faussement avoir écrit, il se présente comme un maître «de l'hyperbole véridique»:
«Vous devez comprendre d'où je venais. Tandis qu'il y a des gens certainement honorables dans l'activité immobilière, j'ai été plus habitué à la sorte de gens avec qui vous ne voulez pas gas-

piller l'effort d'une poignée de main parce que vous savez que c'est vide de sens.»

Ces phrases, comme toutes les phrases dans «l'Art de l'Accord», ont été écrites par le «nègre» Tony Schwartz, qui récemment, dans ces pages, a dénoncé Trump comme «pathologiquement peu familier avec la notion de vérité». «Le mensonge est sa deuxième nature», a dit Schwartz à Jane Mayer. «Plus que quiconque que je n'ai jamais rencontré, Trump a la capacité de se convaincre que quoi qu'il dise à n'importe quel moment est vrai, ou vrai d'une certaine manière ou au moins se doit d'être vrai.»

Ces dernières semaines, nos journalistes ont produit une série de reportages sur Trump et le mensonge. Personne ne suggère ici que Trump soit le seul politicien à jamais lâcher un truc énorme. En fait, Hillary Clinton a eu ses moments éhontés qui sont décrits avec trop de bonté comme «précautionneux». Mais, dans l'échelle et dans la profondeur de ses mensonges, Donald Trump est dans une autre catégorie; (…) [et sa pratique] semble ne connaître aucune limite et certainement aucune honte.

Quand CNN
rend un mauvais service à la démocratie
(samedi 5 novembre 2016)

Aux Etats-Unis, il y a trois chaînes d'information en continu. Il y a Fox news, la chaîne située à la droite radicale, voire à l'extrême-droite, fondée par le magnat australien de la presse, Rupert Murdoch, et qui a pris fait et cause pour la droite du Parti républicain depuis sa création. Il y a MSNBC, la chaîne située au centre-gauche, voire à gauche, émanation d'un des grands réseaux nationaux, NBC, et qui est un soutien du Parti démocrate. Et puis, il y a CNN, la doyenne mondiale des chaînes d'information, propriété de Time Warner (et peut-être bientôt d'AT&T), fondée par Ted Turner et basée à Atlanta (Géorgie), que l'on pouvait qualifier de chaîne centriste et modérée, en tout cas, voulant demeurer équilibrée entre les démocrates et les républicains.

Après avoir dominé pendant longtemps l'information télévisée, CNN a connu une baisse de régime qui a permis à Fox news de passer devant elle en termes d'audience avant qu'elle ne récupère sa première place récemment grâce à une ligne éditoriale plus agressive. Mais c'est justement cette nouvelle manière de traiter l'information, où le mélange de «breaking news» (prime à l'évènement important et immédiat) à tout va et sans réel motif valable avec une dose de dramatisation style entertainement qui permet de tenir en haleine le téléspectateur pour qu'il ne zappe pas, qui la met au centre aujourd'hui d'une polémique sur sa manière de couvrir cette élection présidentielle où elle est constamment tenue en otage par la stratégie médiatique de Donald Trump mais aussi où elle profite de ce dernier pour se vendre au public comme une vulgaire entreprise de mauvais spectacle de cirque.

Ainsi, son refus obstiné de voir une quelconque différence entre une candidate «traditionnelle» d'un grand parti et un candidat populiste démagogue qui utilise le mensonge et les insultes comme armes politiques, l'ont amené à mettre sur le même plan la réalité et les multiples théories du complot de Trump (donnant du crédit à ces dernières) ainsi que les mensonges de ce dernier et les réponses d'Hillary Clinton, comme si des réactions à des mensonges avaient la même valeur que ces derniers (au nom d'un concept d'équivalence qui, en réalité, a créé de «fausses équivalences»…). C'est comme si pro-

175

férer le mensonge que le soleil est noir avait la même valeur que la réponse à cette contrevérité manifeste.

De même, en relançant systématiquement la course à la présidence en montant en épingle les problèmes d'Hillary Clinton et en évitant souvent de revenir sur ceux de Donald Trump, bien plus graves, CNN a remis les deux candidats dans une égalité totalement inacceptable. D'autant qu'il y a, d'un côté, une femme qui, tout au long se son parcours politique, a toujours respecté les règles de la démocratie républicaine et, de l'autre, un homme qui s'en va répétant depuis des mois que l'élection est truquée sans en apporter la moindre preuve et qu'il ne reconnaîtra le vainqueur que si celui-ci est lui-même!

En refusant la dissociation d'une démocrate et d'un antidémocrate – ce que la presse écrite a finalement fait – CNN dit aux Américains que l'un et l'autre candidat sont aussi légitimes à occuper le bureau ovale de la Maison blanche en janvier prochain. Or ce n'est évidemment pas le cas. Si, lors des victoires de Barack Obama en 2008 et 2012, ses rivaux républicains, John McCain et Mitt Romney avaient la même légitimité que lui, de même pour George W Bush, lors de ses victoires en 2000 et 2004, et ses opposants démocrates, Al Gore et John Kerry, pour ne remonter qu'aux dernières élections, le parallèle est impossible entre Hillary Clinton et Donald Trump pour tout journaliste et tout média avec une déontologie même minimale.

Et lorsque CNN le prétend implicitement ou explicitement, elle rend un mauvais service à la démocratie républicaine américaine. De ce point de vue, la déclaration du directeur de la rédaction du New York Times, Dean Baquet, accusant la chaîne d'information en continu d'avoir «ridiculisé» la campagne électorale n'est que trop vrai. Espérons seulement qu'elle ne ridiculisera pas la démocratie américaine alors que Vladimir Poutine et Xi Jinping utilisent déjà cette couverture médiatique honteuse pour leur propagande antidémocratique.

Comment ont été inventés et construits les «peuples en colère»
(dimanche 20 novembre 2016)

La victoire de Donald Trump serait donc celle du peuple américain en colère, tout comme celle de Syriza le fut en Grèce et peut-être demain celle de Marine Le Pen en France, voire de Nicolas Sarkozy puisque celui-ci a martelé pendant sa campagne qu'il convenait d'«écouter la colère du peuple». Il fallait en effet se pincer en entendant le discours que Nicolas Sarkozy a donné à Nice lors de la campagne du premier tour de la primaire de LR. En fermant les yeux, on pouvait se croire lors d'un meeting de Marine Le Pen, certainement lors d'un de ceux de Donald Trump.

Tout y était: attaque des minorités dont les musulmans, peur sur la ville en prétendant que les femmes sont effrayées par sortir seules dans les rues et que les commerçants se font attaquer sans que personne ne les aide, que les délinquants ont gagné et vivent grâce aux allocations, que les médias sont contre lui et n'ont rien compris à l'exaspération du peuple, qu'il faut se battre contre la fameuse bien-pensance, qu'il faut défendre l'identité française, qu'il faut lutter contre le soi-disant pouvoir excessif des minorités, etc.

Si l'on ne doit pas sous-estimer, surtout ceux qui cherchent à bâtir une société du juste équilibre et consensuelle, les sentiments d'abandon et de marginalisation d'une partie de la population, ces «peuples en colère» contre le «système» comme nous les désignent complaisamment une partie de la presse et des «experts» en tous genre, il ne faut pas, non plus, passer sous silence qu'il s'agit en réalité d'une entreprise engagée depuis des années dans certains pays par des politiciens cyniques qui les ont construits de toute pièce afin de s'en servir contre la démocratie républicaine libérale et en faire leur clientèle privilégiée.

L'exemple des Etats-Unis est, à ce sujet, très édifiant puisque cette entreprise a commencé dans les années 1990 et vient d'aboutir par l'élection de Donald Trump, donc de réussir. Patiemment, depuis la présidence de Bill Clinton, élu en 1992, les idéologues républicains ont mis le peuple américain de droite en colère. D'abord en faisant en sorte que la politique et le personnel politique soient haïs du petit peuple de droite grâce à plusieurs subterfuges très efficaces: en diabolisant les démocrates, ces rouges, athées et immoraux; en rendant leurs présidences illégitimes (autant celle de Clinton avec l'affaire Lewinsky que celles d'Obama dont ils ont fait courir le bruit qu'il n'était pas né aux Etats-Unis et, deux présidents qu'ils ont essayé de destituer); en inventant des mensonges sur la soi-disant volonté des «élites» démocrates et de l'Etat fédéral – qu'ils associaient afin de susciter un rejet plus grand des deux entités – de vouloir supprimer des droits (celui du port d'arme) ou des avantages sociaux (comme des assurances inventées par ces mêmes démocrates et gérés par l'Etat!); en paralysant exprès les institutions quand les démocrates étaient au pouvoir (en 2009, lors de l'intronisation d'Obama à la Maison blanche, les leaders républicains se réunirent au même moment dans un hôtel et décidaient de s'opposer systématiquement au nouveau président ce qu'ils ont fait pendant huit ans alors qu'ils avaient provoqué la «fermeture» de l'administration publique sous Clinton en refusant de voter les fonds pour son fonctionnement); en suscitant des organisations de groupes de personnes en colère (comme celle contre les augmentations d'impôt) ou en les récupérant (comme le Tea party et la NRA, l'association des fabricants et possesseurs d'armes à feu).

Ensuite en opposant la dépravation des soi-disant «élites» perverties et corrompues au bon sens du peuple d'en bas, victime de leur cupidité et de leur avidité. Des élites accusées sans cesse d'être partisanes d'une mondialisation financière débridée; d'une ouverture des frontières à tous les immigrés; d'une complicité avec les immigrés illégaux; des Mexicains «violeurs» aux musulmans «terroristes», c'est-à-dire de tous ceux qui mettent en danger la sécurité des «bons» Américains; de droits illégitimes à toutes les minorités agissantes (les gays, les lesbiennes, les transgenres mais aussi les latinos et les afroaméricains); d'une culture cosmopolite qui va tuer toutes les valeurs traditionnelles de l'Amérique et, surtout, ces fameux rêve et esprit américains. Sans oublier que les démocrates sont faibles pour défendre le pays, qu'ils ne sont pas de bons patriotes et qu'ils sont tous secrètement d'extrême-gauche.

Une de leurs démarches qui a connu le plus de succès dans cette vaste entreprise et qui a été dénoncée par nombre de politologues, a été, tout en se déportant vers l'extrême-droite, d'affirmer par un lent mais constant bourrage de crâne que le Parti démocrate, largement centriste et de centre-gauche, se radicalisait à la gauche de la Gauche. Ils ont ainsi réussi, avec le relais des médias qui n'ont rien compris à la manipulation, à déplacer sans qu'il n'y ait aucun élément concret pour le justifier, le Centre vers la Droite, ce qui leur a permis de nier leur propre déplacement, celui-là évident, et d'instaurer un nouveau paysage politique où les centristes devenaient des méchants gauchistes et donc plus facile à haïr pour le petit peuple de droite mais aussi pour nombre d'«independents» (électeurs non-affiliés à un parti politique)... Cette combine a été très bien expliquée dans l'ouvrage de deux politologues respectés, l'un démocrate, Thomas Mann, l'autre républicain, Norman Ornstein, «It's Even Worse Than It Looks» (C'est encore pire qu'il n'y parait).

A l'aide de tous les outils traditionnels de propagande mais aussi et surtout ceux de la désinformation qui sont nés à l'ère de l'information en continue et des réseaux sociaux, ils ont inondé le pays de mensonges, d'insultes et d'invectives – que l'on pense au bras armé de la droite radicale républicaine, le Tea party qui comparait Obama à Staline et/ou Hitler (sic!) et l'accusait de vouloir tuer les vieux en leur refusant le droit à la santé – bien avant que Donald Trump se présente à la présidence et qu'il soit, à la fois, un des initiateurs de ce mouvement, notamment en affirmant qu'Obama n'avait pas le droit d'être président, et la résultante finale de cette mise en colère du peuple. Bien sûr, cette victoire est étriquée, voire même inexistante, si l'on pense qu'Hillary Clinton a emporté ce vote populaire avec plus de trois millions de voix, ce qui démontre bien que la «colère du peuple» n'est non seulement pas majoritaire dans le pays mais largement fabriquée. Une situation ubuesque qu'aucun pays démocratique à part les Etats-Unis (avec un vote Etat par Etat) n'accepterait en ce XXI° siècle.

Maintenant, il faut évidemment voir la réalité en face car, majoritaire ou non, provoquée ou non, la montée en puissance d'une colère populaire qui s'exprime dans la rue et dans les urnes, dans les comportements et dans les propos est bien concrète. Et il faut la traiter même si l'on sait que ceux qui l'ont attisée, voire mise en place, n'ont aucune réponse crédible pour changer de système sauf à provoquer des catastrophes immenses et, le pire, c'est qu'ils le savent...

Dans ce cadre, il faut se poser la question de savoir pourquoi cette mise en colère a si bien réussi auprès d'un aussi grand nombre de gens, que ce soit aux Etats-Unis mais également au Royaume Uni (avec le Brexit) ainsi qu'en Hongrie ou en Grèce et demain peut-être en France avec, d'un côté, une partie de la population séduite par les sirènes venues de l'extrême-gauche et, de l'autre, une partie, plus nombreuse, charmée par celles venues de l'extrême-droite.

Aux Etats-Unis, il faut se rendre à cette triste évidence, cette dernière partie considère encore le noir comme un nègre, le gay comme un pédé, la lesbienne comme une gouine et le membre du Parti démocrate comme un coco, cette dernière appellation étant sans doute l'insulte suprême pour elle... Dès lors, il existe un terreau particulièrement favorable au déversement de toutes ces insanités dont nous avons parlé plus haut depuis plusieurs décennies et en la réussite de l'entreprise de mise en colère.

Mais il ne faut pas sous-estimer le désarroi de populations qui se sentent marginalisées même si elles vivent dans les pays les plus développés, que leur condition n'a rien à voir avec celle des générations qui les ont précédées et, évidemment, que celle de l'énorme majorité de la population mondiale, en particulier ce milliard qui vit dans une grande pauvreté.

On a évoqué plus haut les médias et les réseaux sociaux du web qui permettent aujourd'hui des mises en condition de populations beaucoup plus facilement qu'auparavant. Pour autant, il ne faut pas se méprendre, la presse a toujours été ce qu'elle est, partisane, souvent mal faite et incapable de remplir sa mission d'information correctement, plus en quête de sensationnel qui fait vendre du papier ou permet des taux d'audience élevés que d'une information citoyenne sensée donner à tous le savoir nécessaire, avec celui venu de l'école, pour devenir et demeurer un être humain libre. Bien sûr, il ne faut pas chercher dans les médias ce qui ne peut exister, une réelle responsabilité et l'application d'une déontologie stricte, sauf à la marge et tant que cela n'influe pas sur leur santé économique et commerciale.

Tout cela n'est pas nouveau – un âge d'or de la presse n'a jamais existé malgré les nostalgies de journalistes qui ne connaissent pas son histoire ou l'inventent – et les mouvements populistes et démagogues ont toujours pu et su en profiter. Ce qui est nouveau, en revanche, c'est la possibilité d'agir à très grande échelle et la facilité avec laquelle la désinformation et la propagande peuvent se répandre auprès de l'ensemble de la population. N'oublions jamais cette règle bien connue de tous ceux qui utilisent et instrumentalisent les médias, la fausse information sera toujours plus forte que le démenti qui tentera de l'infirmer. Mentez et calomniez, il en restera toujours quelque chose car dans l'esprit du grand public, il n'y a pas de fumée sans feu...

Aux belles âmes, dont nous ne faisons pas partie, qui pensaient qu'une élection de Trump n'était pas possible, il est temps de se réveiller avant que d'autres personnages comme lui n'accèdent au pouvoir dans d'autres démocraties. Aux Américains qui ne se sont pas rendus aux urnes ou ont voté Trump, il faut leur dire qu'ils sont responsables à part égale de la situation actuelle et ils seront comptables de sa présidence et de sa possible dérive qui n'est pas sûre à 100%, heureusement. Aux gauchistes et communistes qui sévissent déjà dans les colonnes des journaux et sur les plateaux de télévision pour expliquer que l'élection de Trump est un bienfait parce qu'elle montre et va montrer la collusion entre les fascistes et les démocrates libéraux, ce qui permettra de recréer une gauche révolutionnaire qui va préparer le grand soir, ils prouvent une nouvelle fois par leur pensée totalitaire, leur incapacité mentale à sortir de schémas idéologiques aussi faux qu'imbéciles, que leur contentement démontre, au contraire, que l'extrême-gauche dans sa haine de la démocratie républicaine, a bien le plus de points communs avec l'extrême-droite qu'elle ne l'affirme et que les outrances de Bernie Sanders concernant Hillary Clinton ont été utilisées avec succès par Donald Trump pour accéder à la Maison blanche.

Y a-t-il une parade contre cette montée du populisme démagogique et la «colère du peuple» qui en résulte, celle-ci étant provoquée par celle-là, comme nous l'avons vu mais sur un terreau favorable? La première réponse est sans doute très pessimiste. Tout au long de l'histoire, la rancœur et la haine du peuple vis-à-vis de ses gouvernants et de l'«autre» ont toujours existé. Comme ont toujours existé ces agitateurs professionnels qui en ont fait leur fonds de commerce. Et ces derniers, en utilisant la face peu reluisante du peuple ont pu s'installer au pouvoir, parfois démocratiquement, et provoquer souvent des catastrophes dont l'humanité doit toujours avoir honte pour qu'elles ne reviennent jamais. D'Hitler à Staline, de Mussolini à Mao, de Franco à Kim Il-Sung, tous les dictateurs meurtriers se sont appuyés sur une partie importante du peuple pour commettre leurs méfaits. Cette réalité historique de foules en délire lors des discours d'Adolph Hitler, de foules inconsolables lors de la mort de Joseph Staline, de foules haineuses quand Mao les lançait contre les ennemis du peuple est là et bien là, depuis fort longtemps. Ceux qui excitent les bas instincts du peuple et qui promettent tout et n'importe quoi sont souvent les premières victimes de leurs agissements quand la colère du peuple qu'ils ont suscitée se retourne contre eux. Malheureusement, ces démagogues et ces populistes, s'ils sont rejetés à un moment donné, deviennent rapidement des icônes pour des nostalgiques incurables mais aussi pour des générations futures, incultes du passé. Et c'est là, souvent, que l'Histoire n'est qu'un éternel recommencement.

Mais on peut aussi tempérer cette vision très désespérante par une réponse plus positive, plus optimiste qui requiert, néanmoins, une responsabilité de tous les acteurs du débat public et que l'on n'a pas encore vu à l'œuvre sur la durée jusqu'à présent. Il faut que les outils de la démocratie républicaine servent avant tout à assurer l'existence d'un régime qui permet à tous de s'exprimer mais qui doit délivrer dans le même temps un savoir qui permet à tous de choisir en toute connaissance de cause. En outre, il faut que les sociétés démocratiques reconnaissent la nécessité de responsabiliser les citoyens, qu'ils soient comptables de leurs actes. Mais, dans le même temps, il faut que ces mêmes sociétés soient plus justes, plus équilibrées et plus respectueuses afin d'éviter que des personnes inquiètes et perdues ne rejoignent des gens, minoritaires, qui seront toujours haineux de la liberté et de l'égalité, incapables de fraternité. Ces derniers ont toujours existé et ils existeront toujours mais nous devons les empêcher de détruire la démocratie républicaine de l'intérieur et d'entraîner avec eux des populations fragiles.

Etre contre la démocratie républicaine a toujours été plus facile que d'être pour car, dans le premier cas, tout ce qui est caricatural marche, alors que dans le deuxième, il faut convaincre avec des arguments sérieux. C'est peut-être triste mais c'est comme ça. D'où le succès remporté à périodes répétées dans l'Histoire de ces mises en colère du peuple. D'où la nécessité de ne jamais prendre pour acquis la démocratie ou croire qu'elle résistera à ses ennemis sans devoir combattre.

Enfin, et ce n'est pas le moindre motif d'espérance, Donald Trump n'a pas obtenu la majorité des voix lors de l'élection du 8 novembre, loin de là. Tout comme la famille Le Pen lors des élections présidentielles ou législatives de ces dernières années. Il existe donc encore un peuple sain et responsable, surtout majoritaire. Mais jusqu'à quand? C'est le rôle de cet axe central qui réunit, en France, les gaullo-réformistes, les libéraux sociaux, les sociaux-libéraux et les sociaux-réformateurs, qu'il le demeure ainsi que d'être à la pointe de la défense de la démocratie républicaine et de continuer à montrer tout ce qu'une société libre recèle de possibilités d'un monde meilleur et d'agir en ce sens.

Macron n'est pas le candidat des médias
(samedi 7 janvier 2017)

A l'inverse de François Bayrou en 2007, dont la candidature avait été soutenue ou, tout au moins, traitée avec bienveillance par les médias, Emmanuel Macron n'a pas bénéficié, ne bénéficie pas et ne bénéficiera pas de l'appui des journalistes pour cette présidentielle. Cette affirmation n'est qu'un simple constat sans appréciation particulière de leur comportement. Rappelons que lors de la présidentielle de 2007, Bayrou, positionné au centre à défaut d'être toujours centriste, avait bénéficié d'une couverture plus que positive qu'il lui avait permis de devenir le troisième homme de l'élection à la grande surprise des analystes, sans doute pour introduire un candidat plus média-compatible que Ségolène Royal et Nicolas Sarkozy dont les personnalités étaient pour le moins peu appréciées par le milieu journalistique.

En 2017, si Emmanuel Macron, représentant de l'espace central et positionné ni gauche-ni droite ou comme progressiste face au conservatisme, est devenu le troisième homme de la présidentielle et qu'il a une chance d'être présent au second tour voire d'être élu, ce sera en grande partie sans l'aide des médias, voire contre eux. Bien sûr, s'il a été connu du grand public après avoir été nommé ministre de l'Economie par François Hollande, c'est en grande partie grâce aux médias. Cependant, sa notoriété, il ne la doit pas à des articles élogieux mais à une instrumentalisation dont il a été l'objet et sur ce qu'il disait et ce qu'il faisait.

Dans un premier temps, ainsi, ce sont les médias de droite qui se sont emparés de sa transgression politique quand il était au gouvernement pour le mettre dans les pattes de la Gauche. Son discours libéral, ses oppositions avec la gauche archaïque, le remue-ménage que cela créait dans les allées gouvernementales et au PS étaient du pain béni pour ceux-ci. Puis, sondages aidant qui montraient une grande popularité de Macron auprès des sympathisants de la Droite et du Centre, ce sont les médias de gauche qui l'ont mis en avant comme celui qui pouvait faire imploser LR et donner une chance à la Gauche en 2017, non pas en se présentant mais en étant un missile anti-droite qui favoriserait le candidat de la Gauche.

Mais rien ne s'est passé comme prévu pour les uns et les autres. Quand les premiers comme les seconds se sont aperçus qu'au lieu de servir leurs intérêts respectifs, ils les mettaient en danger, ils ont tourné casaque et sont devenus des critiques particulièrement acerbes et systématiques du fondateur d'En marche. Si ce comportement a vu le jour avant qu'Emmanuel Macron ne décide à se présenter à la présidentielle, il s'est largement intensifié depuis qu'il a annoncé à candidature. Une simple lecture du Figaro ou du Monde suffit pour s'en rendre compte, ou celle du Point ou du Nouvel Obs où les piques et les sous-entendus sont légions. Il faut ajouter, qu'à la différence de 2007, l'heure n'est plus à favoriser un candidat consensuel dans la presse mais plutôt ceux qui sont clairement clivés.

Emmanuel Macron n'est ainsi pas le candidat des médias et s'il réussit son entreprise ce sera malgré les médias dont beaucoup doivent se mordre les doigts d'avoir fait sa publicité et sa promotion pensant alors qu'ils jouaient en faveur de leur camp en gênant le camp adverse. Aujourd'hui, avec un score proche des 20% ou bien au-dessus dans les sondages, les médias ne peuvent plus l'ignorer s'ils le souhaitaient pour le ramener à l'anonymat. En revanche, ils peuvent s'en donner à cœur joie dans la critique afin d'essayer de crever cette «bulle» ou de détruire ce «phénomène» avant qu'il s'impose comme le favori de la présidentielle. Au risque, bien sûr, pour ceux qui veulent l'enterrer de cette manière d'au contraire le promouvoir encore plus «à l'insu de leur plein gré»!

Tout ce que nous venons de dire n'enlève pas le fait qu'Emmanuel Macron a besoin que les médias parlent de lui pour exister. Cependant l'on sait bien qu'à partir d'un certain niveau de médiatisation d'une personnalité, l'important n'est pas ce que l'on dit en bien ou en mal d'elle qui compte mais simplement que l'on parle d'elle et de ce qu'elle propose. L'exemple de Donald Trump aux Etats-Unis est évidemment le plus spectaculaire mais il ne faut pas oublier celui de Bernie Sanders, toujours en Amérique, ou de Marine Le Pen et de Jean-Luc Mélenchon en France, sans bien sûr faire de comparaison entre les personnes, juste dans celui d'un certain ostracisme des médias à leur encontre.

Certains vont dire que, non seulement, on voit Macron tout le temps dans les médias mais qu'en plus, il sait très bien les utiliser en prenant comme exemple ses apparitions avec sa femme dans la presse people, notamment dans Paris Match. Il est évident qu'il sait effectivement se mettre en valeur dans les médias, mais, savoir les utiliser n'est pas du tout la même chose que de les avoir avec soi. D'autant qu'il sait aussi très bien que dorénavant il est une sorte de vache à lait pour les médias qui vont faire le buzz, des ventes supplémentaires ou un bon taux d'audience, grâce à lui.

Sans doute que des révélations sulfureuses par les journalistes pourraient avoir des conséquences néfastes sur l'homme et sa candidature et sans nul doute que beaucoup d'entre eux les recherchent. Mais, pour l'instant, le vainqueur de cette confrontation qui ne dit pas son nom, c'est bien lui.

**Le déshonneur des médias américains
déteint sur les français**
(mercredi 15 mars 2017)

Personne n'a oublié les errements de la presse aux Etats-Unis lors des dernières élections présidentielles, incapable de faire face au comportement de Donald Trump qui l'a utilisée jusqu'à plus soif mais aussi engluée qu'elle était dans de fausses questions d'égalité de traitement et de proportionnalité des attaques vis-à-vis de chaque candidat. Ainsi, à chaque fois qu'un scandale était révélé à propos de Donald Trump, c'est-à-dire quasi-quotidiennement, les journalistes s'empressaient d'en trouver un à propos d'Hillary Clinton. Le problème était qu'il s'agissait le plus souvent de faits sans importance montés en épingle mais aussi le relais des «fake news», c'est-à-dire les mensonges distillés par les «trolls» à la solde des soutiens du populiste démagogue qui sévissaient sur internet, voire de la simple propagande venue directement du camp de celui-ci.

Résultat de cette constante mise en parallèle complètement illégitime des deux candidats, l'idée chez les citoyens américains, même pour beaucoup de ceux qui ont voté pour la candidate démocrate, qu'Hillary Clinton était malhonnête alors qu'il n'y avait aucune preuve sur la réalité de ces mises en cause, ce qui est une des raisons majeure de sa défaite et, plus grave, de la défaite des médias d'une démocratie face à une stratégie populiste et démagogique pourtant des plus grossières.

Et bien, ce que l'on a appelé avec justesse, le déshonneur des médias américains, est en train de se produire en France. Pour prendre les trois principaux candidats, le traitement soi-disant égal fait qu'à chaque fois que l'on parle des malversations avérées de François Fillon – qui vient d'être mis en examen – et de Marine Le Pen – qui refuse de se rendre à la convocation de la justice pour être mise en examen –, les journalistes montent en épingle des faits à propos d'Emmanuel Macron qui, rappelons-le à ces derniers n'est ni mis en examen, ni n'est impliqué dans une affaire qui risque de l'y mettre.

Prenons le dernier exemple en date. Le jour de la mise en examen de François Fillon pour «détournement de fonds publics, recel et complicité de détournement de fonds publics, recel et complicité d'abus de biens sociaux et manquements aux obligations déclaratives à la Haute autorité pour la transparence de la vie publique» et de l'information selon laquelle Marine Le Pen aurait sous-estimé son patrimoine pour ne pas payer l'impôt sur la fortune, voilà que, fort opportunément les médias font leurs choux-gras de l'ouverture d'une enquête préliminaire concernant un délit de favoritisme à propos du choix d'un prestataire de service lors d'un voyage d'Emmanuel Macron à Las Vegas lorsqu'il était encore ministre de l'Economie. Sauf que si cette affaire est bien réelle, elle ne concerne en aucun cas Emmanuel Macron!

En effet, le délit de favoritisme est reproché à l'organisme public qui a organisé cet événement, Business France. C'est son dysfonctionnement qui est mis en cause par l'Inspection générale des finances (IGF) saisi par les autorités de tutelle et, comme l'avaient rappelé celles-ci, ni Macron, ni son cabinet, ni même le ministère de l'Economie n'étaient impliqués dans cette affaire. Or, la grande majorité des médias, tout en étant obligé de reconnaître dans leurs propos l'absence de toute responsabilité d'Emmanuel Macron (BFMTV qui relayait en boucle cette information sur son antenne écrivait dans le même temps sur son site internet une phrase qui sent bon les rapprochements fallacieux chers à Trump que «le candidat n'est pas directement visé, mais la nouvelle n'en est pas moins mauvaise pour la campagne d'Emmanuel Macron», on croit rêver!)

ont choisi des titres incriminant le candidat d'En marche! de manière scandaleuse car au mépris total de la réalité des faits et de toute déontologie journalistique.

Qu'on en juge: «Macron à Las Vegas en 2016: ouverture d'une enquête préliminaire» (Le Point); «Emmanuel Macron à Las Vegas: une enquête ouverte» (France Inter); «Déplacement de Macron à Las Vegas: le parquet de Paris ouvre une enquête préliminaire» (RTL); «Déplacement à Las Vegas: enquête sur une soirée de Macron» (Le Parisien); «Macron à Las Vegas: ouverture d'une enquête préliminaire pour favoritisme» (BFMTV); «Enquête ouverte sur une soirée à Las Vegas avec Macron en vedette» (Les Echos). On pourrait malheureusement continuer longtemps.

On comprend que des médias qui sont de droite comme Le Point, Le Figaro ou BFMTV s'emparent de cette information pour en faire une attaque contre Emmanuel Macron même si l'on peut regretter leur manque de professionnalisme. En revanche, que des médias soi-disant indépendants politiquement parlant comme ceux du service public les suivent dans cette démarche n'est pas acceptable si l'on veut que le «quatrième pouvoir» d'une démocratie joue son rôle, informer les citoyens honnêtement et sans déformation des faits afin que ceux-ci se fassent leur opinion le plus librement possible.

Les médias français
n'ont rien appris de l'élection de Trump
(lundi 1er mai 2017)

En tant que journaliste, c'est-à-dire celui qui dont la mission est d'informer avec responsabilité parce qu'un citoyen qui est au courant est celui qui peut exercer réellement sa citoyenneté, parce que la liberté d'expression est un fondement indépassable de la démocratie et parce que sans elle mon métier n'existerait pas, remplacé par celui de propagandiste, comme c'est le cas dans nombre pays, c'est plutôt la consternation avant la colère. La consternation de voir que les médias français sont aussi irresponsables que leurs homologues américains et qu'ils n'ont rien appris du naufrage de ces derniers face à Donald Trump, lors de la campagne électorale de 2016.

Face à Marine Le Pen, ils ont exactement les mêmes pratiques et comportements, donnant ainsi une crédibilité démocratique indue à une candidate d'extrême-droite qui ne peut en avoir. Je parle ici de crédibilité, ce qui n'est pas la même chose que la légalité qui permet aujourd'hui l'existence du Front national et sa liberté de parole, celles-ci lui étant reconnue même si cela pose un problème majeur du fonctionnement des régimes démocratiques et républicains.

Reste que c'est une autre histoire, sans doute fondamentale et qu'il faudra un jour traiter et dont la problématique se résume à cette contradiction majeure: comment la démocratie peut-elle donner la liberté de dire et d'agir à ceux qui veulent la détruire, donc à détruire la liberté, faisant donc en sorte de permettre à la liberté de détruire la liberté... Dans l'Histoire, nombre de régimes totalitaires et dictatoriaux sont arrivés au pouvoir de la sorte. Rappelons en l'espèce cette règle fort simple: il y a besoin que d'un seul individu sur terre qui veut sa liberté pour que tout régime liberticide et totalitaire que défendent les extrémistes n'ait aucune légitimité. Car ce n'est pas la loi de la majorité qui prime mais bien le respect des droits de la minorité, fondement indépassable de la démocratie.

Mais revenons plus prosaïquement à cette élection et à la faute des médias. D'abord, par cette sorte d'égalité entre les deux candidats, Macron et Le Pen – je ne parle pas ici de l'égalité de temps de parole qui est contenue dans la loi –, c'est-à-dire que, par exemple, les propos mensongers et irresponsables de Le Pen sont traités de la même façon que de simples faits et réalités cités par Macron. C'est encore pire lorsque, face aux mensonges de Le Pen, ils mettent la réalité en balance comme s'il s'agissait de deux interprétations possibles de celle-ci.

C'est derrière l'équité entre les candidats que les journalistes se retranchent pour défendre cette drôle de manière d'agir qui est d'accepter le mensonge au nom de la justice... C'est exactement grâce à cette supercherie que Trump a pu débiter autant de «fake news» pendant sa campagne et qu'il a continué depuis le premier jour où il s'est installé à la Maison blanche. On pensait la leçon retenue, et bien, pas du tout!

Ensuite en jouant le jeu peu ragoûtant du sensationnalisme, du buzz et du faux suspens. Ainsi, comment une chaine comme BFMTV ou un journal comme le JDD peuvent-ils titrer dimanche 30 avril que rien n'est joué (et ils ne sont pas les seuls) alors que les seules mesures qu'ils ont pour l'affirmer, sont des sondages qui donnent Macron à 60% des intentions de vote?! Peut-être qu'in fine, Emmanuel Macron sera battu mais au moment où ces médias ont fait leur choux gras de cette pseudo-incertitude, ils débitent un énorme mensonge.

Dès lors, il s'agit rien de moins que de faire du racolage pour augmenter son taux d'audience ou son tirage, c'est-à-dire pour gagner plus d'argent sur le dos de la vérité. C'est exactement grâce à ce manquement grave de la déontologie que Trump a pu exister. En s'appuyant sur cette couverture sensationnaliste des médias sans lien avec ce qui se passait réellement, cela lui a permis d'être constamment dans le salon des Américains avec cette idée qu'il pouvait concrètement devenir le président des Etats-Unis alors qu'aucun élément ne le corroborait (rappelons une énième fois qu'Hillary Clinton a gagné le suffrage universel et que Trump a remporté l'élection grâce au système électoral et que cette victoire était imprévisible par les médias et les analystes malgré ce que disent de manière éhontée certains d'entre eux).

Ce n'est pas le fait de rapporter les mensonges de Le Pen qui est grave mais de leur donner la légitimité d'une réalité en ne les contredisant pas systématiquement. Bien entendu, il est fort possible que des médias au niveau de leur direction ou de leur rédaction, aient choisi Le Pen contre Macron, ceci pouvant expliquer cela dans certains cas. Ainsi, quand on en voit certains renvoyer dos à dos Macron et Le Pen plus ou moins subtilement, on comprend que les valeurs de la démocratie ne sont pas les leurs.

Mais, ici, je voulais parler de ce comportement journalistique irresponsable d'une presse démocratique pas d'une prise de position partisane. Comme l'expliquait Théophraste Renaudot, le «créateur» de la presse en France au XVII°

siècle, «La Gazette (son journal, NDLR) ne ment pas, même quand elle rapporte quelque nouvelle fausse qui lui a été donnée pour véritable. Il n'y a donc que le seul mensonge qu'elle controuverait à dessein qui la puisse rendre digne de ce blâme». Et il ajoutait que le journaliste doit «éclaircir ce qui est obscur» et que si «un grand nombre de nouvelles courent sur la place», la presse doit «les vérifier et rechercher la vérité». Rien n'a changé depuis cette époque où existaient déjà les falsificateurs de la réalité face à ceux qui voulaient faire un travail honnête et digne, les seuls qui ont l'honneur d'être appelés journalistes.

Les fausses équivalences font
la fausse équité et faussent la démocratie
(mercredi 3 mai 2017)

Les médias ont très étrangement passé sous silence une des raisons avancées par Hillary Clinton pour expliquer sa défaite face au populiste démagogue Donald Trump et qu'elle vient de fournir. Celle-ci, lors d'une conférence, a mis en cause le comportement indigne du directeur du FBI – et non le FBI en entier comme le disent certains journalistes – qui a laissé croire quelques jours avant le vote, sans preuve aucune, qu'elle pouvait être coupable dans l'affaire de son compte e-mail ainsi que les attaques pilotées dont elle a été la cible de la part de Vladimir Poutine via le site du trublion d'extrême-gauche Julian Assange, Wikileaks, qui étaient étrangement coordonnées avec celles de Trump à son égard, sans oublier la misogynie dont elle est victime depuis son entrée en politique.

Mais elle a ajouté un autre élément tout aussi déterminant pour elle et sans doute plus encore que les autres pour les observateurs avertis, ces fameuses fausses équivalences. Ici, elle parle de la manière dont les médias ont traité les deux candidats. Dans un souci d'égalité et d'équité que l'on ne peut critiquer au départ, ceux-ci ont décidé de rapporter les propos de chacun d'entre eux en leur donnant la même importance, ce qu'ils avaient déjà fait lors des primaires démocrates et républicaines vis-à-vis de tous les candidats. Sauf qu'il est apparu bien vite que Donald Trump était un menteur pathologique et qu'il inventait même et sans vergogne des faits et des événements ou qu'il allait les chercher sur les sites internet conspirationnistes qui ne pouvaient fournir aucune preuve de ce qu'ils avançaient. Pour autant, le comportement des médias à son égard n'a pas varié alors que cela aurait du être le cas au nom de la recherche de la vérité.

Ainsi, comme nous avions eu l'occasion de le dire en couvrant la campagne américaine, ils se sont mis, en toute connaissance de cause, à jouer à une fausse équité en rapportant avec le même sérieux, en donnant la même crédibilité, aux mensonges de Trump qu'aux propos de Clinton mais, beaucoup plus grave, qu'aux réalités. Ils ont également fait de même, au nom de la même équité, lorsqu'ils ont mis sur le même plan les comportements et les agissements de Trump dont certains sont considérés comme délictueux et certaines accusations sans fondement portées contre Clinton voire des actes qui n'avaient strictement rien de condamnables. Ainsi, chaque fois qu'une accusation était portée contre Trump avec preuve à l'appui, il y en avait une à l'encontre de Clinton qui souvent ne reposait sur rien…

C'est cela les fausses équivalences, donner la même crédibilité à chacun des propos de protagonistes, ici des candidats, alors que l'un ment (qu'on le sait) et l'autre pas (qu'on le sait également) ainsi que de trouver un élément négatif à un candidat quand il y en a un pour l'autre, même si cela n'a rien à voir, voire a été créé de toute pièce, le tout afin de respecter une équité qui n'en est évidemment plus une et qui devient dès lors une inégalité de traitement sous couvert d'une égalité!

Si je reparle aujourd'hui de ces fausses équivalences et de cette fausse équité qui faussent in fine la démocratie, c'est parce qu'elles ont cours de la même façon dans la campagne électorale qui se déroule actuellement en France. Quand on a évoqué les détournements de fonds avérés de François Fillon et de Marine Le Pen, il faut se rappeler avec quelle célérité de nombreux médias ont rapporté sans preuve aucune des malversations d'Emmanuel Macron, sauf que toutes étaient fausses.

De la même manière le projet irréalisable et dangereux de la candidate d'extrême-droite que tous les experts sérieux condamnent sans appel est mis systématiquement mis en rapport avec celui du candidat d'En marche! alors qu'ils ne sont pas de même nature. Dans le cas du projet de Le Pen, on est dans le mensonge éhonté alors que dans le cas du projet de Macron, on est dans le cadre du débat démocratique où s'opposent des choix raisonnés les uns par rapport aux autres. On comprend bien qu'il ne peut y avoir ni équivalence, ni équité à les mettre sur le même plan.

L'information, en démocratie, n'est pas seulement de rapporter des propos et des agissements mais aussi de les mettre en perspective avec les valeurs de la démocratie républicaine. C'est cela l'information citoyenne qui nous permet à chacun de choisir le meilleur candidat par rapport à nos convictions, c'est cela qui justifie l'existence d'une presse libre, non la volonté de faire le buzz, ni de travestir la réalité pour on ne sait quel but à part nuire à la démocratie, donc à la liberté de la presse.

Macron, le mal aimé des médias
mais aussi leur fonds de commerce...
(dimanche 9 juillet 2017)

Si l'on veut comprendre la presse aujourd'hui, il faut partir d'un double constat. Le premier est que dans un univers complètement concurrentiel, s'affrontent – certains dans leur secteur et tous dans un univers global – des médias qui sont souvent en difficultés financières surtout depuis l'envol d'internet, des sites gratuits et des réseaux sociaux. Le deuxième est que les médias sont une industrie qui crée un produit, l'information, qui se monnaye auprès d'annonceurs par le biais d'un critère principal, le taux d'audience ou le tirage agrémenté, toujours auprès des annonceurs mais aussi de clients (téléspectateurs, auditeurs, lecteurs, internautes) de la capacité à faire le buzz et à s'adresser à des publics cibles particuliers. De ce double constat on peut estimer que ceux qui seront capables d'occuper le devant de la scène ainsi que ceux qui sauront se créer des niches solides seront, in fine, les gagnants. Dès lors, l'information devient un moyen de se faire remarquer, pour les uns, par le grand public, pour les autres, par une communauté particulière. Et ce n'est pas la «vérité» et même pas la «réalité» qui est recherchée mais cette capacité à attirer l'attention et à se construire une clientèle fidèle. C'est évidemment un constat rapide que certains trouveront caricatural mais qui, dans ses grandes lignes est exact.

Alors qu'aux Etats-Unis les médias se sont fourvoyés et continuent à se fourvoyer pour ces raisons en couvrant jusqu'à la nausée le candidat Trump et maintenant le président en améliorant de manière indécente leurs chiffres d'affaire, c'est Emmanuel Macron qui joue ce rôle en France désormais, sur le modèle importé d'Amérique pourtant si critiqué par ceux qui l'utilisent dans notre pays... Mais quoi de commun entre un populiste démagogue proche de l'extrême-droite comme Donald Trump et un centristes progressiste comme Emmanuel Macron? Rien d'autre que de profiter d'une séquence profitable pour engranger des clients, augmenter ses audiences ou ses tirages et faire de l'argent.

Dès lors, tous les jours, de manière exponentielle, on parle de Macron, généralement de manière critique, voire par insinuations, pour allécher le chaland. La plupart des informations n'ont aucun intérêt – comme celle de savoir s'il a joué des coudes pour être bien placé lors de la photographie officielle au G20 d'Hambourg! – quand d'autres sont montées en épingle – comme celle de l'organisation de son voyage à Las Vegas quand il était ministre de l'économie. Tout est bon pour profiter sans répit de la manne que ce soit par raisons uniquement financières ou en y mêlant un peu d'idéologie. De ce point de vue BFMTV et Le Monde, même combat! Pendant que la chaîne d'information en continu la plus regardée déroule continuellement sa stratégie simpliste et décervelante de faire le buzz sur le moindre pet de travers, le quotidien parisien numéro un mène une campagne agressive qui lui permet, par exemple, de titrer le 3 juillet dernier, «Macron installe un pouvoir sans partage», insinuant que la démocratie est en danger depuis l'élection d'Emmanuel Macron... Le plus triste dans l'affaire est que, d'un côté comme de l'autre, le fond est souvent désespérément vide. Bien entendu, il ne faut pas sous-estimer non plus la fierté mise à mal des journalistes par un candidat puis un président qui joue son propre jeu en matière de communication et pas celui des médias. Sans oublier cette incapacité que la profession a eu de comprendre ce qu'il représentait et de sa capacité à bouleverser le paysage politique en si peu de temps.

Quoi qu'il en soit, Emmanuel Macron, quoi qu'il fasse en bien ou en mal, sera durant tout son quinquennat, la tête de turc des journalistes. En cela, il n'est aucunement un Trump français. En revanche, la manière dont il est traité se rapproche de celle que les médias américains réservent depuis 25 ans à Hillary Clinton, une femme qu'ils ont souvent détestée et dont leur haine tenace a aussi fait le succès de Donald Trump.

Le jeu dangereux des médias
envers Emmanuel Macron
(dimanche 13 août 2017)

Les journalistes ont une mission: informer les citoyens tout en respectant une déontologie qui est
contenue, en France, dans une «Charte du journaliste». Donc, avant d'être de tel ou tel bord, on
leur demande de délivrer des faits. Ensuite, libre
à des éditorialistes et autres commentateurs de
donner le sens qu'ils veulent à ces faits.

Evidemment, aucun média dans le monde ne
respecte cette séparation qui est pourtant essentielle afin d'informer correctement le citoyen pour
qu'il se forme sa propre opinion avec les faits
«bruts» pour qu'il sache ce qui se passe puis en
consultant les opinions de personnes diverses et
variées afin qu'il se forme sa propre conviction
qu'il traduit ensuite dans son engagement poli-

tique (celui-ci pouvant résulter uniquement par un bulletin glissé dans l'urne).

La problématique en France est qu'actuellement à propos du pouvoir en place nous avons, dans les médias, des faits déjà sur-interprétés et sur-commentés dans la phase de la transmission d'une information la plus «objective» possible et que lors de celle-ci ainsi que dans la phase du commentaire, il n'y a qu'un point de vue à charge.

L'hostilité unanime des médias envers Emmanuel Macron, son gouvernement et sa majorité – je vous incite à regarder l'ensemble des titres des articles qui leur sont consacrés – vient de plusieurs facteurs. Le premier et le principal est le positionnement politique du nouveau président de la république. Il est largement centriste. Or il n'existe aujourd'hui aucun média qui se revendique comme tel. Certains sont de droite, d'autres de gauche, ce qui permet, lorsqu'un de ces camps l'emporte d'avoir une presse de soutien au pouvoir en place (même si elle peut être critique) et une presse d'opposition (même si elle peut refuser d'être dans la critique systématique). Pour Macron, rien de tel ce qui aboutit à un flot d'information traité quasiment toujours à charge, donnant au début de son quinquennat une atmosphère particulièrement lourde.

On évitera de rappeler aux journalistes, dont je suis, qu'Emmanuel Macron et sa majorité législative ont été élus démocratiquement et qu'ils méritent un traitement normal et non celui d'un groupe factieux qui aurait usurpé son pouvoir. De même, on les mettra en garde contre un effet éminemment pervers de leur attitude. Délégitimer à ce point un pouvoir démocratique, de plus, qui vient d'être élu, est un mauvais service rendu, non pas à celui-ci mais, plus grave, à la démocratie représentative. Tout comme l'ont été en leur temps les outrances des critiques envers Nicolas Sarkozy et François Hollande d'ailleurs.

L'emballement médiatique de la critique à charge du politique fait peut-être de bons taux d'audience et un certain hubris chez les journalistes. Cependant, le débat politique dans une démocratie, mené au nom de la liberté d'opinion et de parole, doit toujours rechercher cette modération et ce respect car l'architecture du régime démocratique les demande pour fonctionner au mieux, surtout, pour ne pas être à la merci de tous les extrêmes qui, évidemment, se frayent un chemin dans l'attaque systématique et le déversement d'un flot de commentaires à la fois malveillants et irresponsables. Ainsi, c'est bien le consensus autour de la démocratie et de ses règles qui permettent à ces dernières de fonctionner. Or, dans ces postures et ces attaques, c'est bien ce consensus qui est écorné de plus en plus. Espérons que cela ne conduira pas à une catastrophe.

Corporatisme et hubris journalistiques menacent la liberté de la presse
(lundi 30 juillet 2018)

Dès qu'ils sont attaqués, les journalistes brandissent la liberté de la presse qui serait en jeu parce qu'ils seraient critiqués. En France, ils viennent de ressortir cette vieille antienne à propos de ce qu'ils ont eux-mêmes baptiser l'«affaire Benalla». Or, s'il faut affirmer avec Tocqueville que «l'indépendance de la presse est l'élément capital et pour ainsi dire constitutif de la liberté» et qu'«un peuple qui veut rester libre a le droit d'exiger qu'à tout prix on la respecte», ajoutant que «pour recueillir les biens inestimables qu'assure la liberté de la presse, il faut savoir se soumettre aux maux inévitables qu'elle fait naître», il n'en reste pas moins vrai que le journaliste doivent agir avec responsabilité et déontologie.

Car, comme le dit la Charte du journaliste rédigée en 1918 puis actualisée (notamment en 2011), ses devoirs sont, entre autres, «de respecter la vérité, quelles qu'en puissent être les consé-quences pour lui-même, et ce, en raison du droit que le public a de connaître; de publier seule-ment les informations dont l'origine est connue ou les accompagner, si c'est nécessaire, des ré-serves qui s'imposent; de ne pas supprimer les informations essentielles et ne pas altérer les textes et les documents; de rectifier toute infor-mation publiée qui se révèle inexacte; de s'interdire la calomnie, la diffamation, les accusa-tions sans fondement; de ne jamais confondre le métier de journaliste avec celui du publicitaire ou du propagandiste». Depuis toujours, nombreux sont les journalistes qui négligent ces devoirs et qui, lorsqu'ils sont accusés de partialité ou de travail bâclé, montent au créneau pour défendre une liberté de la presse qui serait soi-disant en danger alors qu'ils ne font que du corporatisme et la défense d'eux-mêmes et de leurs fautes et er-reurs.

Ici, avec les attaques contre Emmanuel Macron, accusé de tous les péchés pour le comportement d'un de ses collaborateurs, on est dans la carica-ture d'un journalisme qui a voulu régler ses comptes quelle que soit la réalité des faits et, plus grave, les conséquences sur la démocratie répu-blicaine et la confiance des citoyens dans ce sys-tème. Car, aujourd'hui, il y a deux France. Celle qui croit les attaques de la presse et de l'opposition et qui perd confiance dans le monde politique, un des piliers de la démocratie. Celle qui s'insurge contre ses attaques et qui perd également confiance contre un pilier de la démocratie, la presse. L'«affaire Benalla» qui devait servir de marchepied à une «affaire Macron» risque donc d'avoir comme conséquence un affaiblissement de la démocratie républicaine. Merci la presse!

Non, la presse n'est pas cette sphère immaculée où des vengeurs du peuple à la moralité parfaite s'attaqueraient à cette fange politicienne où des créatures véreuses tenteraient constamment de l'enfumer pour leur propre profit. Et dans la soidisant «affaire Benalla», il y a bien eu dérapages de la presse.

Ainsi, comme je l'ai écrit par ailleurs:
«En France, l'"affaire Benalla' a, de nouveau, rappelé que les clientélismes de gauche et de droite ainsi que la presse d'opinion, sans oublier nos intellectuels médiatiques, n'ont toujours pas accepté la victoire du Centre en 2017 et qu'ils souhaitent ardemment qu'elle ne soit qu'une parenthèse à refermer au plus tôt en s'emparant de tout ce qui pourrait permettre de se débarrasser d'Emmanuel Macron, de son gouvernement et de sa majorité, des ragots les plus puants aux faits divers les plus anodins.
Et l'on voit fleurir dans certains quotidiens des articles sur la destitution d'un président de la république pendant que nombre de politiciens

jouent de l'emphase au risque d'emporter la démocratie avec leurs bons (mauvais) mots.»

Edouard Tétreau a eu raison dans Le Figaro de parler de «l'hystérie collective» qui s'est «emparée» des journalistes et d'écrire avec une grande lucidité:

«Il semblerait que les piliers traditionnels du système politique et médiatique français ne partagent pas cet objectif de lutte contre les populismes. Dans les partis dits de gouvernement, comme chez ceux que l'on désignait comme des 'médias de référence' au XX° siècle, en passant par les télévisions et radios d'information continue – avec une mention spéciale pour les chaînes du service public à refonder autrement plus vigoureusement que par les réformettes de Mme Nyssen [ministre de la Culture et de la Communication] – une dérive s'installe. Un mélange toxique de propagande, d'approximations, de non-vérifications des faits mêlés aux opinions, d'incapacité à prendre du recul sur l'événement.

Le journalisme d'investigation se fait journalisme de délation, avec la nécessaire complicité de policiers bafouant le secret de l'enquête ou de l'instruction pour faire avancer leurs agendas parallèles. Le journalisme de combat est devenu journalisme d'invective: exit Henri Frenay et Albert Camus, place à Jean-Jacques Bourdin [journaliste sur la chaine BFMTV]. Quant aux grandes gueules de l'opposition, celles qu'on appelait les 'grandes voix' au XX° siècle, la radicalisation des comportements et des expressions fait rage: on exécute d'abord; on écoute et on réfléchit en-suite. Cette classe politique et médiatique est-elle consciente de scier la branche sur laquelle elle est assise?»

Philippe Raynaud a eu raison de dire dans Le Monde:
«La dramatisation médiatique est excessive, et le ton inimitable de componction, de sérieux et de moralisme du Monde donne à cette affaire un goût de moraline, comme dirait Nietzsche. D'ail-leurs la convergence éditoriale momentanée avec la rédaction du Figaro est assez symptomatique de cette "convergence des luttes" contre un pré-sident élu par une extraordinaire combinaison de chance et de talent qui dérange tout le monde.»

George Kiejman a eu raison de s'étonner dans une tribune brillante publiée dans Le Monde:
«A en croire l'ensemble des médias, à commen-cer par Le Monde (sept "unes" successives entre le 20 et le 27 juillet) et tous les dirigeants de l'op-position, notre République, la V°, est au bord du gouffre. Et certains, s'ils osaient, demanderaient au président de la République de démissionner pour répondre des fautes d'un de ses collabora-teurs obscurs, un certain Benalla, qualifié de "barbouze", de "mauvais ange" du président, voire du couple présidentiel. Ne disposait-il pas des clés du portail de la maison familiale au Tou-quet? Ce dénommé Benalla pris d'un accès de violence dans une manifestation où il n'avait que faire, aurait molesté, selon les uns, deux specta-

teurs passifs venus assistés à une "manif pari-sienne", selon les autres, deux militants s'expri-mant en grec et lançant distraitement, selon leur avocat, des carafes d'eau sur le service d'ordre.»

A l'heure où Donald Trump répète sans arrêt que les journalistes sont les principaux ennemis des Etats-Unis, je vous en prie, chers collègues, ne lui donnez pas raison dans sa dénonciation popu-liste et démagogique avec un comportement ir-responsable. La liberté de la presse est bien trop importante et doit toujours vous guider mais aussi être plus forte que les tentatives mesquines de certains de régler leurs comptes.

Nous avons toujours vécu
dans la «multi-vérité» et l'infox
(12 janvier 2019)

Nous avons toujours été dans une ère de la «post-vérité» triomphante que l'on peut également appeler celle de la «multi-vérité» où l'infox est une pratique courante. La différence est le village où elle se déroule. Auparavant, c'était celui du terroir où l'on vivait dans une petite communauté où, si tout se savait, tout s'inventait aussi! Aujourd'hui, le village est «global» et cette «post-vérité» est l'apanage des réseaux sociaux mais aussi des médias traditionnels.

La «post-vérité» de grand-papa, c'est la commère du village, c'est le ragot, c'est la rumeur véhiculée par certains contre d'autres et qui court dans les ruelles étroites, c'est la parole qui n'a plus de limite décente dans les cafés du commerce après quelques ballons de rouge, c'est l'inimitié au travail et la rivalité sur tout et n'importe quoi qui attaquent pour faire mal, déstabiliser et parfois se débarrasser des cibles de ces pratiques. Tout cela est bien connu avec ces faits que l'on invente ou auxquels on tort le cou pour leur faire dire ce que l'on veut qu'ils disent. Même les médias de bas étage, vous savez, ceux qui s'en prennent aux gens connus pour vendre du papier et que beaucoup lisent en se délectant de leurs ragots vulgaires et souvent diffamant, se sont emparés depuis bien longtemps de cette «post-vérité» ainsi que ceux qui ont fait profession de foi de défendre une idéologie (d'autant plus si elle est totalitaire). Quelles «vérités» nous assenaient l'Action Française de Maurras et l'Humanité de Thorez pendant l'entre-deux-guerres?! Certainement pas les mêmes!

Mais, dans cette entreprise de «désinformation» à tous les niveaux de la société, il semblait également y avoir une déontologie journalistique de base que mettait en œuvre une presse dite «de référence» au sérieux reconnu. Cependant, elle n'était pas absente de reproches parfois et, de toute façon, elle a quasiment (pour être optimiste...) disparue sous la pression d'internet et/ou est noyée quand elle existe encore dans un flot ininterrompue de vérités et de faits «alternatifs» déversés par tout ce qui communique aujourd'hui et qui ont le goût et la couleur de l'information mais qui n'en sont pas comme le sont la propagande et la publicité.

Comme personne n'a jamais pu empêcher le commérage, la malveillance, les fausses accusations, les attaques en mauvaise réputation dans notre village du fin fond du fin fond dont nos familles sont toutes issues, c'est évidemment pareil pour le village global. La lutte pour une information «vraie» existera donc toujours parce qu'existeront toujours les vérités et les faits alternatifs parce que nous communiquons autant pour dire ce qui est que pour le cacher, pour raconter des histoires où se mêlent la réalité et notre interprétation de celle-ci agrémentée de nos fantasmes et de nos croyances.

Ainsi, devant ce travail de Sisyphe, toujours recommencé et sans fin, et cette cause que l'on peut dire «perdue», on doit pourtant continuer à dénoncer le faux, à rechercher la réalité et le vrai dans l'information citoyenne, celle qui permet à l'individu de savoir dans quel monde il vit et l'opinion qu'il en a. Il faut également permettre à tous, par l'apprentissage constant, de pouvoir se mouvoir dans un monde de «post-vérité» qui a toujours existé et qui existera toujours, où ce n'est plus le maire que l'on calomnie mais le président de la république, où ce n'est plus l'amicale des boulistes qui veut faire interdire l'association des amoureux des roses en accusant celle-ci de diffuser sciemment le tétanos mortel mais les populistes qui veulent détruire la démocratie en répandant toute sorte de mensonges à son encontre. Sans oublier cette nécessité impérieuse de créer ce média «de référence» et de service public, chargé de délivrer des faits ainsi que toutes ces structures qui doivent permettre, à côté de la transmission du savoir faite par l'école, d'apprendre à maîtriser et à décoder toutes les informations que nous recevons. Disons-le tout net, l'optimisme n'est pas de mise dans cette tâche mais ce n'est pas une raison de ne pas se mettre au travail.

TABLE DES MATIERES

TABLE DES MATIERES

TABLE DES MATIERES